中华精神家园

信仰之光

心灵之依

民间宗教与民间信仰

肖东发 主编 陈书嫒 编著

北方妇女儿童出版社

图书在版编目(CIP)数据

心灵之依 / 陈书嫒编著. —长春：北方妇女儿童
出版社，2015.1

（中华精神家园）

ISBN 978-7-5385-8241-3

Ⅰ．①心… Ⅱ．①陈… Ⅲ．①人生哲学－通俗读物
Ⅳ．①B821-49

中国版本图书馆CIP数据核字(2015)第007386号

心灵之依：民间宗教与民间信仰
XINLINGZHIYI：MINJIAN ZONGJIAO YU MINJIAN XINYANG

出 版 人	刘　刚	
主　　编	肖东发	
编　　著	陈书嫒	
责任编辑	王天明	
开　　本	710mm×1000mm　1/16	
印　　张	11	
字　　数	152千字	
印　　刷	北京海德伟业印务有限公司	
版　　次	2015年2月第1版	
印　　次	2015年2月第2次印刷	
出　　版	北方妇女儿童出版社	
发　　行	北方妇女儿童出版社	
地　　址	长春市人民大街4646号	
	邮　编：130021	
电　　话	总编办：0431-85644803	
	发行科：0431-85640624	
定　　价	29.80元	

道教主流——全真道派

独立成教——三大教派

自然信仰——日月风雨

碧霞元君是东岳大帝的女儿。碧霞元君和东岳大帝全是幽神的人格化，

崇拜之神——三方福神

全真道派

　　全真道也称全真教和全真派，是道教的主流宗派，被天下奉为"太上玄门正宗"。该宗嗣太上老君遗教，秉东华帝君演教，承正阳帝君钟离权和纯阳帝君吕洞宾二祖传教，开宗于重阳全真开化辅极帝君王重阳。

　　全真教的教义总体来说，继承了钟离权、吕洞宾的内丹思想。此外，认为儒、释、道的核心都是"道"，提倡三教平等。其宗教实践的原则是以"三教合一"、"全精、全气、全神"和"苦己利人"为宗旨。而且实行出家制度，道士不鼓励婚娶。

全真太祖老子为孔子讲道

老子像

老子被全真教尊为太祖。老子所著的《道德经》中有关"全真"的学说，是全真道形成的灵魂。

老子姓李名耳，字聃，是西周时期人。春秋时称学识渊博者为"子"，以示尊敬，因此，人们皆称老聃为"老子"。老子由于学问渊博，周王就让他做守藏室史，是管理藏书的官员。老子居周国的时间越来越久，学问也随之积淀得更多，名声也日益响亮。

当时鲁国有个孔丘，很有学问，人称孔子。他早就对老子有所耳闻，对博学多识的老子非常神

■ 老子论道图

往，就请求鲁君允许他前往周都洛邑去向老子讨教。

公元前523年的一天，孔子于是对他弟子南宫敬叔说："周国有个守藏室史老聃，他博古通今，知礼乐之源，明道德之要。我想去找他求教，你愿意与我同行吗？"

南宫敬叔欣然同意了，孔子随即报请鲁君，鲁君准行。于是，孔子遣一车二马一童一御，由南宫敬叔陪同前往周国。

老子见孔子千里迢迢而来，非常高兴，教授之后，又引孔丘访大夫苌弘。

苌弘是个擅长音乐的人，他不仅教授孔子乐律、乐理，而且还带着孔子观看祭神的典礼，考察宣教的地方，了解庙会的礼仪，使孔子感慨不已。

守藏室史 守藏室是我国西周王朝皇宫收藏保存各类典籍的地方，集天下之文，收天下之书，可说是汗牛充栋、无所不有。守藏室史就是掌管国家文物典籍的史官。老子是我国自有文字记载以来的最早的一位守藏室史。

■ 孔子画像

黄河 我国第二长河，中上游以山地为主，中下游以平原、丘陵为主。由于河流中段流经我国黄土高原地区，因此夹带了大量的泥沙，所以它也被称为世界上含沙量最多的河流。在我国历史上，黄河及沿岸流域给人类文明带来了巨大的影响；是中华民族最主要的发源地，被称为"母亲河"。

逗留数日后，孔子去向老子辞行。老子将他送到馆舍之外，赠言说："我曾经听说，在分别的时候，富贵的人会送人钱财，仁义的人会以良言相赠。我不富有也不高贵，因此就赠予你几句良言吧。"

于是，老子对孔子说道："如今这个世道啊，那些聪明而能体察到深意的机灵人如果遇到灭顶之灾似的大难，那是因为他们总是讽刺别人的不足；那些口齿伶俐又通晓事理的人，如果遇到灾祸，那是因为他们曾宣扬别人的缺点啊。做了别人的下属就不要太高看自己；做了别人的臣子，就不要把自己放在最重要的地位。我要对你说的就是这些，希望你能好好记住啊。"

孔子点头说："弟子一定谨记在心！"

当他们走到黄河附近时，见到黄河里河水滔滔，浊浪翻滚，其势如万马奔腾，其声如虎吼雷鸣。孔子伫立在岸边看着这番景象，感叹说："时光就有如这流水一样，日夜不息地奔腾啊！这水不停地流逝，人的青春年华也是如此。这黄河水不知会流到哪里去，就像人的最终归途一样不得而知啊。"

听见孔子的这番话，老子说："人生在天地之间，就是和这世间万物浑然一体的。天和地都是自然之物，人当然也是。人有幼儿、少年、壮年、老年的变化，犹如天地有春、夏、秋、冬季节的交替一样自然，有什么可悲伤的呢？生得自然，死得自然，任其所以，人的本性就不会乱。如果不放任自然，为了达成仁义而奔走，就会掩饰了自己的本性。如果心中只会挂记功名就会焦虑，如果一心想着能得到什么利益，烦恼也会随之增多。"

孔丘解释道："我并非凭空忧虑时光流逝，是因为这世道没有正确的道义来指导，仁义的政法没有施行，国家这么乱却没有得到治理，不能留下功名，也无法帮助世人解忧而烦心啊。"

老子笑笑说："你何苦思虑这么多呢？天地不需人协助照样运转自如，日月不靠人点亮而自己发出光芒，星辰不需人排列而自己有序，天下的动物不靠人也能自己繁殖，这都是自然的力量，哪用得着人呢？人无论是生是死，是荣还是辱，都是自有道理和规律的。顺自然之理而趋，遵自然之道而行，国家自然会得到治理，人也会自然而然修明正身，哪用得着用一堆礼教来约束呢？一心追求礼乐教化才是

■ 孔子问礼于老聃

孔子问礼于老聃
長辰

■ 孔子问礼与老子雕塑

鼓 我国传统的打击乐器，也是祭祀时使用的神器。鼓可以分为祭祀用的雷鼓、灵鼓、乐队中的晋鼓等。其中，专门用于军事的叫"汾鼓"。此外，路鼓、晋鼓等也用于军旅。我国上古时代的战鼓皆由鳄鱼皮制成，而鼓皮选用鳄鱼皮，是取鳄鱼的凶猛习性以壮鼓声。

违反人本性的事呢！就像击着鼓追赶逃跑的人，鼓敲得越响，对方就跑得越远啊！"

听到老子这番话，孔子陷入了沉思。老子随后又指着滚滚黄河水对孔子说："你为什么不向水学习一下高尚德行呢？"

孔子问道："水有什么智慧呢？"

老子回答说："这世间最好的德行就像这水一样啊！你想想，水善于滋润万物而不与万物相争，还能停留在众人都不喜欢的地方，这是多么谦虚美好的品德啊！"

老子进一步阐述道："江海之所以能成为千百河谷之水归顺之处，是因为它在河水的下游，所以才能成为千百河谷的统帅。天下没有比水更柔弱的了，但是论起攻克坚强之物，却没有能胜过水的，这就是柔者的道德。凭着这种柔德，就能以柔克刚，以弱胜强。像水这种不见其形的东西，可以自由地进入到没有缝隙的东西中去，正像是道教里'不言'的教导，'无为'的好处。"

孔子听了这话，恍然大悟，他说："您的这番话使我茅塞顿开啊。在别人处在高位的时候，水会安然守在低处；众人在安稳的位置上时，水也甘心处在险要之地；别人在追求清洁，水不惜肮脏了自己也会去帮助清洗。水所做的事都是别人避之不及的事情，谁会去与它争论呢？这就是最大的善啊！"

老子满意地点点头，说道："真是个有灵性的学生！你要牢记这一点：与世无争的人，天下人就都无法与他争了，这正是效仿着水的德行啊！水就像道一样，道无所不在，水也是无往不利的，水避高趋下，因此不会受到任何阻碍。它可以流淌到任何地方，滋养万物，洗涤污浊。它处于深潭之中，表面清澈而平静，但却深不可测。它源源不断地流淌，去造福于万物却不求回报。这样的德行，乃至仁至善啊！"

无为 也叫"清静无为"，是春秋时期道家的一种哲学思想和治术。清静无为主张心灵虚寂，坚守清静，消极无为，复返自然，是道家中最为重要的思想。道家的无为，并非不求有所作为，只是指凡事要"顺天之时，随地之性，因人之心"，而不要凭主观愿望和想象行事。

道教主流 ◎ 全真道派

■ 孔子问道老子

鲁国 我国春秋时期的国名，在山东南部，都城是后来的曲阜。于公元前1046年杀纣灭商后，周武王封其弟周公旦于鲁。国名"鲁"是武王所赐，意为"像鱼儿那样生活在东夷之海中，用摆尾的方式扫荡敌对势力"。鲁国于战国时代为楚国所灭。鲁国是春秋时期唯一可以和周使用相同规格礼仪的诸侯国。

老子继续说："圆润的东西必定会旋转，方的则容易折断。水流堵塞它就可停止，泛滥的时候就要引流，这是守信的美好品德；能洗涤掉很多污秽，平准高下，这是善于治物的美德；能载起漂浮的物体，能以鉴则清，还能无坚不克，这是善于运用能力的美德。水流不分昼夜地前进，这是惜时的美德。所以圣人会顺应时机做事，贤能的人则会随着事情的发展随机而变。智慧的人会靠万民的自为实现无为无不为，通达的人会依照天理发展做事。"

老子最后嘱咐孔子："你这次回去之后，不要表现出傲气，也不要满口志向和欲望，否则的话，整天风风火火张扬高调，就像一只在大街上乱窜的老虎一样，谁还敢采用你的政见呢？"

孔子心领神会地说："您说的话句句出自肺腑，

■ 老子出游壁画

■ 老子出游

我也认真地记到心里了，这些使我受益匪浅的话我会终身不忘的。我将会完全谨慎地照着您说的做，以感谢您对我的教诲之恩。"说完，他告别老子，与南宫敬叔上车，依依不舍地向鲁国驶去。

回到鲁国后，孔子的弟子们问他说："您这次去，见到老子了吗？"

孔子回答说："见到了。"

弟子们又问道："那老子是个什么样的人呢？"

孔子回答说："我知道鸟是那种能飞的动物，鱼是能游的动物，会行走的动物可以捕捉到，会游动的动物可以用网捕捞，会飞的动物可以用弓箭捕捉。但是像龙那种能乘着风云飞上天的动物，我就不了解了。老子给我的感觉，就是一条高深莫测、难以企及的游龙啊！龙可是能乘着风云登上九天的动物啊！老

南宫敬叔 姬姓，鲁国南宫氏，名阅或说，一名绦，谥敬，是孟僖子的儿子，孟懿子的弟弟。母亲泉丘人之女。公元前518年，孟僖子临终之前，让孟懿子、南宫敬叔都要将孔子作为老师。

心灵之依 ◎ 民间宗教与民间信仰

子在我眼中就是一条龙，他学识渊博，志趣高尚，像蛇一样伸缩自如，又像龙一样能应时变化，真是值得我敬仰的老师啊！"

过了十七八年后，孔子已经是51岁了，但他仍旧认为自己没有得道。他听说老子回到了宋国沛地隐居，就特意带着弟子再去向老子问道。

老子见到孔子后非常高兴，连忙把他让进了正房，问他说："自从和你上次一别，已经有十多年了。听说你已经成为北方的大圣人了，这次到访有何指教呢？"

孔子拜礼说："我这个弟子太愚钝，虽然经常思考您所传授的知识，但这十多年以来，仍然觉得自己没有领悟得道，因此又来向您求教了。"

老子说："你想得到大道的话，就先要把思路和心态放在万物之初，天地之内，环宇之外。这世间的天地人物，日月山河，每一个的形态性质都不一样，

■ 孔子讲学图

但它们的共同点都在于会顺应自然天时而或生或灭，或行或止。能看出它们各自的不同，只是看到了它们的表面；能看到形态各异的万物的不同点，才是看到了它们的本质。如果能忽略掉表象而观察它们的本质，就能看到万物最真实最根本的特质。万物在诞生之初的时候，都是混为一体，并没有什么特别的形态和性质，没有一丁点区别。"

孔子问道："如果看到万物的本质，又有什么好处呢？"

老子回答说："如果你能认识到世间万事万物的根本，就会知道它们在本质上都是一样的。不仅万物是一样的，其他是非也是一样的。等你认识到这一点之后，你会将生死看成昼夜交替那样平淡；你会知道无论是灾祸还是喜事，吉祥还是噩耗，其实都是一样的。世间并没有所谓的贫贱和高贵，也没有真正的荣誉与耻辱。你的心境会像一口古井那样平淡，能这样我行我素地自得其乐，怎么不是好处呢？"

宋国 我国西周及春秋战国时期的一个诸侯国，位于河南商丘一带，为西周和春秋战国时期的诸侯之一。宋国的周武都城在河南商丘睢阳区西南。到宋襄公之时，宋国国势渐达鼎盛时期，宋襄公成为"春秋五霸"之一。公元前286年，齐国灭掉宋国。

礼教 礼仪教化，礼教是指我国传统文化中的礼乐文化，因其重视名分，又称名教，即以名为教。礼教思想影响中华民族2000余年。古人将"礼教"与"乐教"并提，它们的本义，不过是以礼为教、以乐为教。

孔子听到这话后，看看自己的身体外形似乎没有一处是坚不可摧的，再想想自己一直所追求的功名利禄，其实也不外乎粪土一般。在人出生之前哪有什么形体和荣誉呢？即使是过世之后，身体肌肤又哪会有留存下来的呢？还能分什么贵贱呢？于是，孔子之前一心焦急地求仁义、传礼仪的心态平复了，感觉如释重负，无忧无虑，悠闲自在。

老子接着说："道，深沉得像海，高大得像山，它遍布宇宙空间之内而无处不在，它运行在万物之间而无所不至，有心求道的人是得不到的，特意谈论它的人也难以企及！道生育了天地万物而永不衰败，时时滋养万物却仍不贫乏。天因道而高，地因道而厚，日月因道而运行，四季时节因道而安然有序，万物因道而有了自己的肌理形体。"

■ 孔子讲学图

孔子听到这话后，感觉自己像飞在云中一样轻快，像潜入深海一样踏实，像入山林那样愉悦，像融入了万物那样自在，感觉和天地融为一体，自己既在万物之中，也和万物浑然一体。

心旷神怡之下，孔子赞叹道："天地宇宙真是广阔无垠啊！我已经在世51年了，却只局限在仁义礼教的小世界里，却忘了世间是如此浩大啊！请您接着给我讲吧！"

老子看到孔子已经对道有了最基本的领悟，就接着侃侃而谈道："圣人处世时，遇到事情不会故意躲避，事态变化了也不会固守立场，而是会随机应变，随着事态发展变化而作出反应。这样能调和时机顺应事态的人，就是有德的人；能随着形势而作出决定的人，就是得道的人了。"

孔子听完这话豁然开朗，感觉自己好像随浮云飘动，依风而流转，像水一样随着地势环境而转变自己的姿态，高兴地说："真是悠闲自在啊！如果在海上乘舟而漂流，在陆地上行车而走，进则同进，

■ 孔子圣迹图

止则同止，那还用得着以一己之力去代劳舟车呢？君子的本性和一般人没有什么不同，不过是善于借用外物的力量罢了！这话说得太好了！您再给我讲讲吧！"

于是，老子又说："从这宇宙的本源来看，万物都是由气化而成，气化而灭的。人生是因为气凝结而成，人死是因为气消散而去。人的一生短暂如白驹过隙，只是眨眼的时间而已。"

老子接着说："即使这世间万物生长，个个蓬勃而富有生气，都是由无到有的；即使万物繁衍得再多，形态变化万千，却也都会有从有到无的那一天。有物的时候，是因为气凝结起来才可见，无物的时候，是因为气消散而不见。所以，有物是因为气，没有也是因为气，无论有无都是由气决定的，所以生和死实际上也都是气罢了。人总归会有死的一天，却偏偏因生而喜，因死而悲，这不是很奇怪吗？"

老子解释道："人死就好像解除了形体的限制，挣脱了性情的束缚，由这个暂宿的世界回归到了本来的境地。在离开原本之地的时候，人就像远去的游子一样无所依靠啊！当人死去回归本体，则像游子归家一样安然。所以，不要因生而喜，也不要因死而归。得道的人，都是将生死一视同仁的。活着的时候是安乐，死了就是安息。把是非对错也一视同仁，对也是不对，错也不是过错。把贵贱视为一体，卑贱也并不低劣，高贵也无可过人之处。把荣辱用同样的心态看待，荣誉也不过如此，耻辱也不过如此。为什么这样想呢？因为从本质上来说，生死、是非、贵贱、荣辱都是人的价值观，也都是会变化的东西。"

老子又进一步阐述："但是它们的本质，实际上都是一样的。你领悟了这个道后，你就不会因外界的变化而惊慌不安了，无论日月交替，天地震动，还是风吼海啸、雷鸣电击，你都能泰然处之。"

孔子听后，感觉自己像只飞过枝头的喜鹊，像条游在江湖的鱼，像个在采蜜的蜜蜂。心旷神达的孔子说："我三十而立，学有成就，40岁时遇事能明辨不疑，但

三教图

■ 老子《道德经》碑廊

三十而立 《论语·为政》中孔子对于自己在30岁时所达到人生状态的自我评价。"立"不是指成家立业，而是在对社会和自己都有比较明确的认识和理解的基础上的一种自觉的或者是有相对觉悟的意识，一种自我人格独立的意识。

在这50岁才知道造化为何物啊！我若是鹊鸟就顺着鹊的习性生活，若是鱼就随着鱼的性子做事，若是蜜蜂就像个蜜蜂一样忙碌，是个人就顺应人性为人处世。鹊鸟、鱼、蜜蜂和人看上去不同，但本质其实是相同的。顺本性而活，也就是顺道而活了。立身在不同的环境立场之中，但神思感情却是在同样的境界，这才是合乎于道的啊！我每天只知道求道，却不知道就在我身啊！"

上面这个故事，就是我国历史上著名的孔子向老子问礼的典故。

老子给孔子讲道，使孔子学问大为丰富，以至后来成为了春秋时期最为著名思想家，并创立了影响我国的儒家学派。而老子本人，也因为他的学说以及《道德经》的流传，被道教尊称为"太上老君"、"混元皇帝"，以及道教三清道祖中的"道德天尊"。

后来，金代王重阳以"全精、全气、全神"和"苦己利人"为宗旨，开启了道教浓墨重彩的新篇章。他所开创的全真教，始终代表世界道教正宗。

有一天，老子在路上行走。走着走着，一位老人走上去问老子："我一生碌碌无为，可有房住，有饭吃，有钱花；而我的那些邻居们一辈子在田地里耕作，却住得不好，而且都先我而去。你说人是不是应该像我这样呀？"老子听后，拿来路边的石头和砖头问这位老人："你选哪样？"老人毫不犹豫地拿了砖头。

老子说："正如石头和砖头一样，人的价值也在于此。人不在乎活的长短，而在乎他对这个社会是否有价值。对社会无用之人，世人会很快将他遗忘。"

钟吕二仙下凡点化王重阳

王重阳塑像

王重阳

　　王重阳是全真道的创立者，后被尊为道教的重阳开化辅极帝君与北五祖之一。他原名中孚，字允卿，又名世雄，字德威，创道后改名王嚞，字知明，道号重阳子，因此称王重阳。

　　传说王重阳是被汉钟离和吕洞宾两个仙人亲自点化的。宋代末年，全真道始祖王玄甫在东华宫修成正果，被玉皇大帝封为上天东华帝君，命他速到天庭就职。但王玄甫却因找不到合适的继承人而迟迟无法升仙。

　　后来，太上老君知道了王玄甫

■ 太上老君塑像

的难处，就派了汉钟离和吕洞宾二仙亲临凡间，帮他物色接班之人。汉钟离和吕洞宾两位仙人知道有个叫王中孚的人有仙气，因此就各自变成了行乞的道人去点化他。

时逢数九隆冬，寒风裹着大雪肆虐。冰天雪地里，两人敲开了一家朱漆大门。开门的人正是王中孚。只见他生得面赤须长，神清气爽，有容人之量，谊侠之风。

王中孚见风大雪急，两个道人衣衫褴褛，马上就将空房让给两人栖居，并端饭菜款待。后来，他又怕两个道人衣衫单薄，难熬冬夜，就抱一床棉被送过去才安然入睡。

王中孚熟睡后，梦见一只白兔从碧绿的草地里跑到他跟前，一会儿蹦跳，一会儿抓耳挠腮，样子十分

王玄甫（？~345年），名诚，字玄甫，号东华帝君或紫府少阳君，天下道教主流全真道始祖。汉代人。幼慕真风，白云上真引之入道，遂居于昆仑山烟霞洞，韬光晦迹，又徙居代州五台山紫府洞天。后授度门人钟离权，嗣弘法教。全真之道由此滥觞，故被尊为北宗第一祖。后称"中岳真人"。

心灵之依 ◎ 民间宗教与民间信仰

■ 汉钟离 全真道教尊他为"正阳祖师"，后列为北宗第二祖。也是道教传说中的八仙之一。少工文学，尤喜草圣，身长八尺，官至大将军，后来，隐于晋州的羊角山而得道。汉钟离自称是"天下都散汉钟离权"，意为"天下第一闲散汉子"。他的神仙传说起于五代、北宋。

招人喜欢。他一生中最爱洁白无瑕的东西，就想捉住留待饲养。但是那白兔见他来捉，便不慌不忙跑去，边跑边回头张望。看看他落得远了，就停下来顽皮地啃几口青草，等他近了，又翘尾巴撒腿往前跑。

就这样，这只兔子不即不离地把王中孚引到一座小桥上。小白兔转回身，抬起一只前爪朝他扬了扬，然后三蹦两跳窜进了一个道人的怀里。

王中孚定目细看，见昨夜来家避寒的两个道人分坐桥头，心下暗自纳闷：怪呀，他俩不是宿在我家吗？怎跑到这里来了？再说这地方本无小桥流水呀？

想到这，王中孚再回头望自己的村子，也被云遮雾盖，时隐时现。正疑惑的时候，一个道人吕洞宾喊他说："王中孚，来呀，我俩等你好久了。"

这时，又听另一个道人抚摸着怀中的白兔，冲他笑眯眯地唱道：

> 钱财聚又散，衣冠终久坏。
> 你看我二人，置身于世外。
> 不欠皇家粮，不驮儿女债。
> 不说好和歹，不讲兴和衰。

王中孚是位超乎寻常的聪明之人，他自然晓得所唱之词妙理深奥，非世人所能超脱，就跪拜说："我虽与两位道长初识，可我知二位乃世外高人，愿拜二位为师。"

汉钟离说："你若诚心拜我俩为师，速回家辞别娘子，随我东去仙山祖地昆嵛山。"

王中孚急忙往家跑，到了门口就拍着门板高喊人来开门。这一声喊醒了过来，睁眼一看，全家人都围在自己身边，他的娘子满面哀伤，珠泪横流。

■ 吕洞宾 道号纯阳子，是我国古代传说中著名的道教仙人，八仙之一，也是道教全真派北五祖之一。吕洞宾是全真道祖师，也是钟、吕内丹派、三教合流思想代表人物。民间传说他修仙成功之后，下山云游四方，为百姓解除疾病，从不要任何报酬，深得百姓敬仰。

昆嵛山 道教主流全真派圣地，横亘烟台、威海两地。主峰泰礴顶，海拔923米，为半岛东部最高峰。方圆百里，巍峨竦立，万仞钻天，峰峦绵延，林深谷幽，古木参天，多有清泉飞瀑，遍布文物古迹。北魏史学家崔鸿在《十六国春秋》里称昆嵛山为"海上诸山之祖"。

见他醒转，儿子秋郎高兴地喊："爹爹醒来了，爹爹醒来了！"

王中孚觉得奇怪，急忙叫管家看两位道人在不。片刻，管家回来说："被子叠得整齐，没有道人的影子了。"王中孚惊喜万分，叫道："仙人啊，那两位道人果真是仙人啊！"

王中孚辞别了家人，马上赶回了桥头。汉钟离和吕洞宾看见王中孚，都认为他想入道的心情非常真诚，然后就行法术带他东去了。

拂晓时分，3人来到一座宫观外。王中孚上前敲门，开门的人是一个老丈，王中孚施礼说道："老丈，我与两位师傅去仙山昆嵛山，路经此地想借宝观稍作喘息，请老丈方便。"

不想那老丈在听完后竟然哈哈大笑起来，身后的汉钟离和吕洞宾二人也畅笑不止。王中孚懵了，如坠云雾。老丈说："此处正是东海仙山昆嵛，这宫观就是东华宫啊。"说完，施大礼道，"劳两位仙驾，快请。"

王重阳塑像

此时天已大亮。王中孚见这宫观气势不大，却祥光霭霭，彩雾纷纷，谷虚繁地疏，境寂散天香，青松带雪遮琉瓦，翠柏留云护经堂。鸟啼林海内，鹤饮青泉旁。四周花发琪园秀，三面门开舍卫光。

那位来应门的老丈颜如灵童，声若铜钟，笑眯眯地问他说："这里是仙山之祖，颖灵之地，你能随二位仙师到此，乃天缘有份。还

心灵之依◎民间宗教与民间信仰

望你与世无染，于性根断，苦修成果，你要早列仙班啊。"

老丈又指着乞丐打扮的汉钟离和吕洞宾说："你知道他们两位是谁吗？"王中孚于是摇了摇头。

老丈笑道："无心昌，无心昌，又轻又软泛白光；金重生来挨打的命，越敲越响，声震四方。"

王中孚听了幡然猛醒，扑通一声双膝跪下，磕头便拜："学生有眼无珠，不识钟、吕二仙师尊容，不知二位仙师前来度我，有怠慢之处，请仙师宽恕。"

汉钟离和吕洞宾二仙张开耀目的金口哈哈大笑，瞬间恢复了真身。吕祖纯阳头戴九梁巾，身穿黄道袍，面如满月，目光照人，须飘五缕，一柄长剑插背后。钟离则是老祖头挽双髻身披敞衣，面如重枣，目似朗星；一髯长须垂于胸前，鹅毛羽摇在手中。

这时，吕洞宾于是对王中孚说："上古时人心朴实，风俗良淳，授道的人会先教授法术用来防身，而后再传以玄功成真。可是如今世道魅魑，人心不朴。如果先教你法术说不定是在害你，所以还是先传受给

■ 吕洞宾塑像

东华宫 1182年，王重阳先后收授"北七真人"，在此创立道教全真派。传经布道中，发现这里有石坛花圃、丹灶神炉，非等闲之地，便寻访道宗，推原仙迹，始知此地正是教祖东华帝君之故室。于是，众道联手复修三清殿、七真殿等十二座殿堂，赐名东华宫。

■ 汉钟离紫檀雕像

你玄功吧。"

吕洞宾接着说："道成万法皆通，不求法术而法术自得也，是为全真之教。至于真教的妙理，你师傅自会传你，你还不快拜师傅？"

王中孚出门后登上紫金峰，下紫金峰经天门到龙王庙，进洞天福地再到三清殿，最后在山巅月牙石前面站定。

汉钟离说："这是太上老君的道德真经，上下五千文，是为驱天下弥瘴，济贫拔苦，修仕蕴德，自动化一个康平盛世。老君用天工神斧劈石而阴刻于仙山之祖的顶端，使它上与彩云相接，下与沃土相连。这样做，是为了仙神驾云可读，凡民仰首能学。你修炼于此地，得天独厚，必昼夜习读，遵其教诲，将全真教发扬光大，救黎民于水火。"

王中孚将仙师的教诲一一铭刻心中，发誓不负师傅厚望。

随后，汉钟离对他说："你既然已经入了道，就得有个道号。我们已经商议过了，想给你的道号是重阳，我们就叫你重阳子，你觉得怎么样?"

王中孚急忙跪拜："谢恩师赏赐。"

老丈王玄甫即刻唤王重阳进经堂，端坐上首，静目授以真教妙理："所谓全真教，就是全真无假。谁人无真心，一转便非了；谁人无真意，一杂便亡了；谁人无真情，一偏便差了。心中有真意真情，情中方见真心真意。由真心发而为真意，由真意发而为真情。当于举念言发真心真意真情，一毫不假，既是真道。真道遍行，称之为全真也。全真教的宗旨，就是普度众生，修真成仙。其教义乃三教圆融，济贫拔苦，先人后己，与物无私，与世无争；见人患难，常怀拯救之心。你千万不要忘记啊。"

随后，吕洞宾带他登上仙山山顶。只见山顶上依次排着9个水池，池水清澈透底，绿荷中开着莲花。细看一池一朵，一朵一色，花大如盘，妍娆无比。

王重阳第一次见到如此之大如此之美的莲花，连声称赞："好莲花，好莲花也！可惜远在奇峰之巅，如能开在东华宫院，我定精心培养，王玄甫先师的在天之灵想必也会高兴的。"

吕洞宾呵呵一笑，纵身跳进池中，足踏荷叶，将

■ 王重阳塑像

道号 道士或道人的名号或尊号。道号都是根据个人兴趣由自己取。一般都是"子"，原则上没有男女差异。神仙圣号上，一般男称"天尊"，女称"元君"。另外，男性道教出家人叫"道士"，女性的叫"道姑"，一般不称"男道士"或"女道士"。

后7个池中的莲花一一摘下，一共7朵一并递给了王重阳，说："喜欢就给你，带回去精心培育。"

王重阳双手捧住，喜不自禁，施礼说道："谢仙师恩赐，弟子发誓不负仙师厚望，定叫它盛开不败。只是有一事学生不明白，那两朵为何不采？"

吕洞宾含笑拂须，说道："那两朵就是我的了。这9朵莲花代表着9个人，你那7朵，是丘刘谭马郝王孙。这7人与你有师徒之缘，日后相见定要善心开化，鼎力超度，才不负我送你莲花之意。"

从此，王重阳为道教祖师，修行于昆嵛仙山。后来他开创了全真教，并且将丘处机、刘长生、谭长真、马丹阳、郝大通、王玉阳、孙不二7人超度，成为"全真七真人"。这7个人后来各自创立了全真教分支教派，将全真教发扬光大，在历史上产生了重要影响。

阅读链接

传说在王重阳48岁这年，来到甘河镇，经过一家屠夫门前，正好有自己嗜吃的肉食，便大吃起来。忽然从南面飘然走来两位道士，那神态，像是久处烟霞隐居逍遥的，而精神饱满又像直冲霄汉。王重阳一见，不由惊异地站起，迎上前去，恭敬地将他们请进来。

两位道士和他谈的尽是些仙家话头，王中孚听后如醉初醒，一时大悟。道士于是秘密传授他修仙真诀，又将他名字改为"嚞"。这些都做完，道士又遥指东方，问王重阳："你看到什么了？"王重阳说："见到7朵金莲结子。"道士笑道："还有万朵玉莲吐芳呢。"说完，便不见了。

七真人创立全真道各派

　　全真七子为全真道创始人王重阳的7位嫡传弟子，他们是：马钰、丘处机、谭处端、王处一、郝大通、刘处玄和马钰之妻孙不二。

　　王重阳过世后，全真七子在北方广泛传播全真教，并且各立支派。马钰创办了遇仙派，丘处机创办了龙门派，谭处端创办了南无派，刘处玄创办了随山派，郝大通创办了华山派，王处一创办了嵛山派，孙不二创办了清静派。

　　这其中，龙门派是王重阳开创的全真七派中发展最快影响最大的一个教派，由北七真之一丘处机所传。龙门派的道士大多出身世家大族，有一定的社会地位和文化修养，师承王重阳三教合一思想。

　　王重阳在创立全真教时，以三

■丘处机画像

■ 丘处机雕塑

教合一的思想作为创教的宗旨。他在山东文登等地所建立的5个会，皆冠以"三教"二字。

王重阳传教时，劝人诵读佛教的《般若心经》、道教的《道德经》和《清静经》、儒家的《孝经》。此外，在他的言论、著作中，三教合一论更是俯拾皆是。他曾经说："三教者，如鼎三足……不离真道也。喻曰：似一根树生三枝也。"又有诗云："释道从来是一家，两般形貌理无差。"他的这种思想亦为其弟子所接受，而加以广泛宣传。

龙门派尊全真七子之一的丘处机（亦作邱处机）为祖师，尊丘处机弟子赵道坚为创派宗师。丘处机字通密，号长春子，自幼失去双亲，尝遍人间辛苦。

童年时的丘处机就一心向往着修炼成"仙"，过着"顶戴松花吃松子，松溪和月饮松风"的生活。

1166年，19岁丘处机悟世空华，弃家学道，潜居昆嵛山，第二年，丘处机得知王重阳在山东宁海创全真庵，前往拜师求道，待祖师羽化，又守墓3年后，到陕西蟠溪苦修6年，后至龙门修道7年，道功日增。

羽化 古代修道士修炼到极致跳出生死轮回、生老病死，是谓羽化成仙，飘飘乎如遗世独立，羽化而登仙。羽化源自古代阴阳学，古人认为阳气产生于盘古开天辟地阳清为天，阴浊为地。

丘处机多次到访崂山，确立了全真道教的"龙门派"。根据古籍《太清宫志》的记载：

> 宋庆元元年乙卯，真人丘长春……七真来崂山。止于本宫，讲道传玄，宏阐教义，道众大悟，各受戒律。

1214年，龙门派祖师丘处机请命招安山东杨安儿起义军，因他修行明道，说服力强，因此招安获得成功，同时也显示出了丘处机和全真道在群众中具有相当大的号召力。

这不仅在社会上产生很大影响，而且还引起了当时金、南宋、蒙古3方执政者的注意，他们都竞相派遣使臣前往召请，各自欲为其所用。

《般若心经》
又称《般若波罗蜜多心经》、《摩诃般若波罗蜜多心经》，简称《心经》，是般若经系列中一部言简义丰、博大精深、提纲挈领、极为重要的经典，为大乘佛教出家及在家佛教徒日常背诵的佛经。现以唐代三藏法师玄奘译本为最流行。

■ 丘处机诗词石刻

丘处机以74岁高龄，自山东昆嵛山西游3.5万里，远赴中亚去见成吉思汗，成就了"一言止杀"的历史性创举与汉蒙佳话，被成吉思汗奉呼为"神仙"，并拜之为"国师"，掌管天下道教。

丘处机"一言止杀"而获殊荣，为龙门派的大发展奠定了基础。此后到了清代初年，全真龙门派律宗第七代律师王常月先后在北京白云观，以及南京、杭州、湖州、武当山等地传戒收徒以后，龙门派有了很大的发展，尤其是以清顺治、康熙、雍正、乾隆、嘉庆几朝为最盛。王常月本人也在教众中被誉为"中兴之祖"，清康熙皇帝曾赐号"抱一高士"。

龙门派是我国元明清时期最昌盛的道教派别，几乎成为全真道的代表。其盛况与佛教禅宗5家中的临

■ 丘处机修炼图

济宗相类似，因此，世间有了"临济、龙门半天下"的说法。

龙门派承其祖派全真道之余绪，以精于内丹学著称于世。其门下拥有许多著名内丹理论家，如伍守阳、谢凝素、柳华阳、刘一明、闵一得为其中的佼佼者。他们所著的内丹书，较其前辈，有承袭，也有发展，总的特点是功法更细致，更浅明。

创办了遇仙派的马钰是金代道士，字玄宝，号丹阳子，家世为地方大族。1167年，王重阳到山东宁海传播全真道，马钰抛弃万贯家财皈依道教，从此厉行苦节，潜心修炼。

王重阳仙逝前，将全真道秘诀传与了马钰，托为全真道传道事业的直接继承人。

1269年，马钰被赠号"丹阳抱一无为真人"，元武宗又加封他为"丹阳抱一无为普化真君"。

金代 历史上少数民族女真族建立的统治中国东北和华北地区的王朝。金太祖完颜阿骨打在统一女真诸部后，1115年时在黑龙江建都立国，国号大金，改元收国。1234年，金朝在南宋和蒙古南北夹击之下灭亡。

阴阳 源自古代我国人民的自然观。古人观察到自然界中各种对立又相联的大自然现象，如天地、日月、昼夜、寒暑、男女、上下等，以哲学的思想方式，归纳出"阴阳"概念。早至春秋时代的《易经》传以及老子的《道德经》都有提到阴阳。

丹阳真人为弘扬道法，历尽艰难困苦，后人赞评他为"启迪全真，发挥玄教者也"。马钰的著作有《洞玄金玉集》、《神光灿》、《渐悟集》等。

在马钰羽化后，他所创遇仙派行化于各地，受到了热烈欢迎。《丹真人马公登真记》记载：

> 凡在三州五会之众，倾赴云集，欢喜踊跃，不啻如见慈父，争相延致以为济度师焉。

■ 马钰雕塑

马钰的门人弟子有曹瑒、雷大通、刘真一、于志道、杨明真、李大乘等，事迹多见于《终南山祖建山真内传》。

创办了清静派的孙不二法名不二，号清净散人，或称孙仙姑。孙不二本来是马钰的妻子，1169年被王重阳度化出家，授修道秘诀。她独处静室，面壁炼心，7年功成。后游历伊、洛，传道度人。

1182年，孙不二被羽化于洛阳，他传有全真教清净派。1269年，孙不二被赠封为"清净渊真顺德真人"。

清净派源于古代的行气之术，后来和服气、存思等功法结合，唐代又受禅宗影响，并和老、庄的坐忘、心斋等功夫融会贯通。元代丘处机创龙门派，倡清净孤修的丹法，曾经斥阴阳丹法为已求人。

清净丹法反对男女双修的阴阳栽接之术，称阴阳全在自己身中，修炼自身的精气神即可结丹。而后又有伍柳派，将清净派丹法发展成熟，习清净丹法的道派亦称清净派。

创办了南无派的谭处端初名玉，字伯玉，后改法名处端，字通正，号长真子，著有《云水集》。

谭处端为人慷慨重孝义，涉猎经史，曾患风痹，吃了很多中药也没好。

1167年，王重阳来山东宁海传道，谭处端便就投奔了王重阳求其医治，结果病隔天就好了。于是，谭处端就拜王重阳为师，诚心皈依全真道了。

谭处端朝夕参请，多得玄旨，摒绝思虑，泯灭人我，苦心修炼。在王重阳仙逝后，他隐迹于伊、洛之

■ 孙不二雕塑

禅宗 中国汉传佛教主导宗派，始于菩提达摩，盛于六祖惠能，中晚唐之后成为汉传佛教的主流，也是汉传佛教最主要的象征之一。禅宗又名佛心宗。教外别传，即使是把佛教分为九乘佛法的宁玛派对此宗也不甚了解。依宁玛派之分别，把禅宗算上，禅宗即是第十乘。

谭处端喜欢练书法，草书和隶书他都写得很好，尤其喜欢写"蛇"和"龟"两个字，每日习而不已，妙将入神，有飞腾变化之状，被很多信奉南无派的道士收藏。

元世祖忽必烈曾赐号谭处端为"长真水蕴德真人"，世称"长真真人"。《金莲正宗记》记载有谭处端不为俗事动怒的事迹：

曾过招提，就禅师处乞残食。禅师大怒，以拳殴之，击折两齿，先生和血咽入腹中。旁人欲为之争，先生笑而稽首，殊不动心，由是名满京洛。

创办了随山派的刘处玄字通妙，号长生子。刘处玄自幼丧父，对母亲非常孝顺，为人性情平和不喜欢荣华，一心清静自守。

1169年春天，刘处玄曾经在邻家墙壁间的一个十分隐秘的

■ 谭处端雕塑

角落，看到一句话，写着"武官养性真仙地，须有长生不死人"，感到十分奇怪，对此事念念不忘。

后来，王重阳云游至掖县，当时身为掖县武官的刘处玄闻讯前来迎接。此时，王重阳突然笑着问他说："墙壁上的那两句话，你还记得吗？"刘处玄才恍然大悟，提出拜师请求。

王重阳祖师仍然采用墙壁上的那两句话的意思，并且以长生为之号，处玄为之讳，通妙为之字，收了刘处玄为徒。当时的刘长生才21岁。

1175年，刘处玄继任全真掌教。1176年，刘处玄返回了掖县老家大弘教法。金章宗听说了后设宴席款待他，把他当成贵宾对待。当时的官僚士庶们也都抢着来拜访他。

1188年，刘处玄在昌阳主持斋醮，设坛祈雨，颇有灵验。当刘处玄到武宫筑堂修道时，出了一桩人命案，有人诬陷是他杀的。但刘处玄并没有为自己辩解，反而不声不响地进了监狱。

刘处玄本来识字不多，被冤枉之后，反而得以在

■ 刘处玄雕塑

隶书 也叫汉隶，是汉字中常见的一种庄重的字体，书写效果略微宽扁，横画长而直画短，呈长方形状，讲究"蚕头雁尾"、"一波三折"。隶书起源于秦朝，由程邈整理而成，在东汉时期达到顶峰，在书法界有"汉隶唐楷"之称。也有说法称隶书起源于战国时期。

心灵之依 ◎ 民间宗教与民间信仰

■ 元始天尊塑像

狱中勤学苦练，还练出了一手好书法。后来，真正的凶手自首了，刘处玄才出狱。但他从始至终都是一副安然平淡的样子。

1203年，刘处玄仙去。被赠号"长生辅化明德真人"，世称"长生真人"。

随山派以修炼、传承他的教理、思想为主。刘处玄门下弟子众多，较为著名的人有大弟子离峰老人和于道显。

于道显以苦修知名，在金末影响较大，宋披云为长生子门下掌教大弟子，后主修《道藏》，创建宫观，对全真教发展贡献巨大。主要著作有《仙乐集》、《至真语录》、《道德经注》、《阴符演》、《黄庭述》等。

随山派的祖庭是太清宫，位于山东青岛东50里崂山老君峰下。崂山海湾之畔。崂山地处海滨，岩幽谷深，素有"神窟仙宅"之说。崂山上的宫观更是星罗棋布，有"九宫八观七十二庵"之说，其中以太清宫最负盛名。

太清宫占地3万平方米，共有殿宇房屋155间，主体建筑由3座大

殿、4座陪殿、长老院及客房组成。太清宫东有八仙墩、晒钱石、钓鱼台等礁矶奇观，胜景"太清水月"、"海峤仙墩"即在此区。

太清宫的3座大殿为三清殿，也就是祀玉清、上清、太清天尊，三皇殿是祀伏羲、神农、轩辕，三官殿是天、地、水三官。4座陪殿是祭祀东华帝君的东华殿、祭祀西王母的西王母、祭祀吕祖的救苦殿和关帝祠。

三官殿院内有古"耐冬"树，隆冬开花，花期半年，传说是明初时张三丰亲手栽种的。张三丰也曾在太清宫修炼，崂山左侧靠海处有"三丰石堵"，塔底有洞名仙窟，就是张三丰的隐修处。

太清宫从初创已经历了2000多年的历史，几乎每朝每代都进行过大修葺，其建筑风格一直保留着典型

■ 太清宫"道教全真天下第二丛林"石刻

书法 书写汉字的艺术。书法是书法艺术的一种相对完整的表现形式，也是一种娱乐方式。书法作品的款式主要有中堂、条幅、横披、对联、匾额、长卷及扇面等等。书法作品分软笔和硬笔，即毛笔和钢笔等，还分"体"，如楷书、隶书、行书、草书、篆书、燕书等等。

算卦 原指根据《易经》所记录的卦象，进行的占卜方式。算卦是一种利用个人切身资讯，例如脸与手的纹路、出生八字、姓名笔画等配合五行和八卦来预测或推断行事是否顺利和命运吉凶福祸的行为。算卦有时会辅助以道具推演计算，如看相、摸骨、四柱命相等等。社会上许多人利用算卦骗人钱财。

■ 崂山太清宫正门

的宋代建筑风格，这在国内的各宗教建筑中，也是极为少有的。

与此同时，随山派的祖庭太清宫也是我国古代园林的一大分支，寺观园林，是在崂山最早形成风格体系的地方。

创办了华山派的郝大通，字太古，号恬然子，自称太古道人，法名大通。郝大通精通老庄易学，擅长占卜算卦。

1167年，王重阳自关西到宁海，见郝大通资禀高古，所习不凡，就想点化他，于是去请他算卦，但是背对而坐。

郝大通很奇怪，说："请先生回头。"王重阳反问他说："那你为什么不回头呢？"郝大通十分惊异，起身作礼，两人在第二天深谈了一番，但由于郝大通当时还有老母在世，就没有入道。

第二年，郝大通母亲去世，他在三月跟着王重阳到昆嵛山烟霞洞焚香敬谒，请列门弟，甘洒扫之役。

王重阳于是赐名给他叫璘，号恬然子，又解衲衣撕去其袖而给他，说："不要担心无袖，你当自成。"这大概是传法寓意。

■ 崂山太清宫的元辰阁

1175年，郝大通在沃州云游，忽然悟得了王重阳的密语，恍然开悟，于是在石桥下默然静坐不动，不知饿也不知口渴，无论冬天夏天都不离开。如果有人给他食物他就吃，没人给的话就不吃。

在郝大通在石桥下静修的期间，有很多人围观他或者拿他取乐，但郝大通从来都不生气。也有不懂事的小孩在郝大通的头上放上石头，嘱咐他不要动，郝大通居然真的头都不侧一下。

在此期间，石桥下也曾有河水泛溢，但是郝大通却依然不动，却也毫发未伤。就这样，他一言不发地静修了6年，被人们称为"不语先生"。

焚香 宋代之后，不仅佛家、道家、儒家提倡用香，而且香更成为古人日常生活的一个部分。在居室厅堂里有熏香，各式宴会庆典场合也要焚香助兴，而且还有专人负责焚香的事务；不仅有熏烧的香，还有各式各样精美的香囊香袋可以挂佩，制作点心、茶汤、墨锭等物品时也会调入香。

郝大通雕塑

经过这一番的水火颠倒后，阴阳和合，郝大通九转功成，于是陡然而起，杖履北游去各地传教了。

创办了嵛山派的王处一，号玉阳子，他体貌魁梧，从小不喜欢嬉戏，而好诵读云霞方外的语句。

王处一大7岁时，他曾经趴倒在地上没有呼吸，很长时间之后他才醒过来。他的母亲十分惊讶地询问他："你怎么会这样呢？"但上，王处一回答说："我只是在熟睡而已，其他的事情都不清楚啊！"

相传有一天，在王处一途径山中时，见到一个老翁坐在一块巨石上。那个老翁看见王处一后，就对他打招呼，摸着他的头说："你以后一定会四海扬名，成为某个派别的宗主。"说完这话之后，那老翁就带着拐杖走了。

王处一一路紧紧跟随着那名老翁，问他说："老先生，您是何人啊？"那老翁回答说："我是玄庭宫主。"之后就瞬间消失了。此后，王处一语言放旷，时常举止癫狂，敞着衣服光着脚，人们都以为他生病发疯了。

王处一曾经作颂自歌云：

> 争甚名，竞甚利，不如闻早修心地，自
> 家修证自前程，自家不作为群类。

王处一20岁时，有人到他家中给他提亲，王处一只是笑却从不回答。他的母亲看出他无意婚嫁，就没有勉强他。

1168年的二月中旬，王处一游宴到范明叔家的遇仙亭，他见到了王重阳祖师。王重阳看出王处一是玄门大器，他就答应了处一拜师的请求，并带他到昆嵛山烟霞洞授予了正法及名号。

1169年4月，王重阳与马钰等数人从文登将要回归宁海，取道龙泉，路过去看望了当时隐居在铁查山云光洞的王处一。

■ 王处一（1142年~1217年），号玉阳子。宁海人。1168年，师事王重阳，长期隐居昆嵛山烟霞洞。后玉阳独去文登铁槎山云光洞结庵，苦心修炼9年，被称为"铁脚仙人"。后下山西行传真布道，足迹遍及山东、江西、陕西、北京等地。以修炼、传承他的教理、思想为主的门人派别称为全真道嵛山派。

■ 全真派讲道壁画

临别前，王重阳赠诗给王处一说：

修行事理记叮咛，

只要心中静里明。

眼界不生龙自住，

鼻门无闭虎常停。

文登 文登依山傍海，风光秀丽，名胜颇多。被誉为"海上仙山之祖"的昆嵛山，不仅景色秀丽幽美，还是道教全真派的发祥地，雕有老子《道德经》上下卷计6000余字的圣经山摩崖石刻，有金元时期的七真人庙、东华宫、白玉台、朝阳洞、烟霞洞等道教遗迹，有山东半岛最早的庙宇无染寺等。

王处一拜受后，继续隐居在云光洞，常临危崖跷足而立，数日不动，人们都叫他"铁脚仙人"。就这样，王处一洞居了9年，制炼形魂，心地开明，就这样得大道之要，开创了嵛山派。

1182年，秋居宁海的马钰从关中来，和王处一同宿金莲堂。马钰从容地对处一说："重阳祖师不远万里来提挈咱们，这样的恩情本来就无以为报，你这样整天不去传教，难道不会觉得愧疚吗？何况你我这种得道之人自身获得了好处，却没有去向世人传教，恐怕是有违全真教的啊。如果想光耀全真教，让天下人都知道重阳祖师的威名，就必须要让道惠及天下生灵，你已经得道这么久了却还没有一点传教的意思，这样不好啊。"

王处一温和地回答说："道没有什么区别，只在于做或不做。师兄您已经道备一身了，威名在四海弘扬，天下人都知道您的声望，正是弘扬您的道法的时候。而对于我来说，这样的时候还没到，因此只好这样度日了。"

后来，王处一得到了金世宗的重视，并为他建修真观并书篆匾额。金世宗还赏赐给王处一金帛巨万，被王处一推辞了。

金世宗 （1123年~1189年），完颜雍，原名完颜褒，金朝第五位皇帝，谥号"光天兴运文德武功圣明仁孝皇帝"。在位28年。他励精图治，勤俭节约，革除海陵王统治时期的弊政，使国家的国库充盈，农民富裕，天下小康，实现了"大定盛世"的繁荣景况，金世宗也被称为"小尧舜"。

■ 道教全真派讲道壁画

心灵之依 ◎ 民间宗教与民间信仰

■ 道教全真派修建圣地

王处一开创嵛山派的方式是以苦修奇行，道术显赫来赢得朝野重视的。尽管他在一生中多次受帝王恩宠，但每获召见赐赏，他都以"恳求还山"或"以亲老之还山"请求东归。就连他的弟子为其"易庵为观"时，他都不满地说："我们修道的人是能从日月而观宇宙，看天地就能识得世间万物的，何苦要为个落脚的道观费心劳神呢？何况把庵改成道观，反而弄得我像个有固定形态的被困在其中的人了。再说我平时就不领受赏赐，曾经有两次皇帝要为我修建道观我都拒绝了，就是因为喜爱山林云霞的自由。可是如今你这个徒弟倒张罗起修建道观了，真是糊涂啊！"

这些话道出了王处一不图安享富贵，甘愿清修苦行的主张。这与全真道初创时的"制芰荷以为衣，集

芙蓉以为裳，饮木兰之坠露，餐秋菊之落英"的"去奢从俭"教律如出一辙，这也说明了他是全真大师中恪守清规戒律的正统人物。

王处一在金末为继承和发扬全真道的修道宗旨，扩展全真道的影响和势力，促进其教派壮大兴盛，起过重大的作用。他是全真道由衰向盛过渡时期的主要奠基人之一，其历史功绩在当时甚至不在丘处机之下。

■ 全真教道人

阅读链接

丘处机从小聪明好学，偏爱道学，立志学道救民。他家乡不远处有两座神奇的山，一座叫公山，一座叫母山。在公山的腰间有一块巨大的岩石，丘处机有时便坐在岩石上读经习道。

有一次，丘处机不小心将一枚铜钱落入岩石下的乱石丛中。为找到这枚铜钱，他沿着杂草丛生、怪石嶙峋的山坡，一直摸到沟底。等找到那枚铜钱重新爬上岩石的时候，丘处机累得腿已经麻木，满头是汗。为了磨炼意志，他故意将手里的铜钱重新扔到乱石中，然后再次下去寻找。到最后，丘处机竟练到了出神入化的境地，把钱丢到沟底，一挥手钱便又回到了手中。后人们为了纪念丘处机，便将丘处机当年摸钱的石头叫作"摸钱岩"。

元代最兴盛的宗教全真道

全真教壁画

公元1161年，王重阳在终南山凿了"活死人墓"，他坐于墓中。几年后得道开悟，填活死人墓，迁刘蒋村结茅，与玉蟾和公、灵阳李公三人同居于此修炼。

此时的王重阳想起了醴泉县再遇真仙吕祖时"速去东海，投谭捉马"的启示，就在1167年去了山东宁海州，开始了"投谭捉马"的传道生涯。

随后，王重阳先后在

文登、宁海、福山、登州、莱州建立了三教七宝会、三教金莲会、三教三光会、三教玉华会、三教平等会，进行传道说法，并收了马钰、谭处端、刘处玄、丘处机等7人为徒。

1169年十月，王重阳与弟子马钰、谭处端、刘处玄、丘处机4人西归，第二年在河南开封过世，葬在了陕西户县祖庵镇。

■ 元世祖忽必烈

元世祖在1269年把王重阳封为重阳全真开化真君；到了1310年，又加封他为重阳全真开化辅极帝君，全真教也把王重阳尊为北五祖之一。

王重阳虽然过世了，但他创下的全真教却在蓬勃发展。在金大定、明昌年间，金世宗和金章宗先后召见了王玉阳、丘处机、刘处玄等全真大师，征询安邦之策和养生之道。全真教的教旨由"无为"转为"无为、有为相半"。

1186年，刘处玄执掌全真教，1204年，丘处机执掌全真教，逐渐重视创立宫观和收徒活动，全真道的主要活动基地转移到昆嵛山为中心的胶东半岛。

经过刘处玄、丘处机的努力，这时的全真道已深得民心。1214年，丘处机又应山东驸马都尉之请，出而招安杨安儿的起义军。于是丘处机及其全真道，成

杨安儿（？~1214年），金末"红袄军"起义首领。原名安国，以卖鞍材为业，人呼"安儿"。大安年间，聚众起义，后降金，为刺使、防御使。大安三年，即1211年，领兵戍鸡鸣山，亡归山东，与张汝楫等再次起兵反金，因穿红袄作标志，故称"红袄军"。贞祐二年即1214年，在莱州建立政权，改元"天顺"。

■ 丘处机西行雕像

心灵之依◎民间宗教与民间信仰

西域 地理方位词，在古代文献中多指我国玉门关、阳关以西的诸多国家和地区，在丝绸之路影响下，西域特指汉唐两代朝廷安排的行政机构所管辖的，我国新疆大部及中亚部分地区。西域位于欧亚大陆中心，是丝绸之路的重要组成部分。

为了蒙古、金、南宋三方交相争取的对象，在金贞祐、兴定年间，三方先后都派遣了使臣征召丘处机。

高瞻远瞩，善于审时度势的丘处机，做出了却金使、谢宋聘、独赴正在西征西域的成吉思汗之召的重大决定。丘处机不辞年届74岁的高龄，他甘冒风沙大雪之苦，于1219年率18位随行弟子登上征途，经历了两年多的跋涉，终于在1222年到达西域大雪山成吉思汗的军营。

王重阳不辞险阻，远涉沙漠，追随成吉思汗的西征路线，他历时四年，经数十国，行万有余里。记载元朝的史书《元史》称其"喋血战场，避寇绝城，绝粮沙漠"。

自秦皇、汉武海上求仙以来，并唐、宋的帝王，误于神仙方术的人屡见不鲜。丘处机这位全真道的大师经过如此艰难的路程被请去，却没有传所谓长生不老、修成神仙的法术，甚至还十分明白地告诉成吉思汗，人不能长生不老。

不仅如此，丘处机教给成吉思汗的都是我国正统学术，儒、道两家忠孝仁义的话，尤其谆谆劝其戒杀而治天下。

《元史·释老传》记载说：

> 太祖时方西征，日事攻战。处机每言，欲一天下者，必在乎不嗜杀人。及问为治之方，则对以敬天爱民为本。问长生久视之道，则告以清心寡欲为要。太祖深契其言，曰：天锡仙翁，以悟朕志，命左右书之，且以训诸子焉。于是锡之虎符，副以玺书。不斥其名，惟曰神仙。

成吉思汗对丘处机的到来慰勉有加，亲自3次求见并作长谈。丘处机对其所问以"敬天爱民"、"怀柔止杀"为治之方及长生久视之道，皆作了仔细的回

《元史》系统记载元王朝兴亡过程的一部纪传体断代史，成书于明朝初年。由宋濂、王祎主编。全书210卷，包括本纪47卷、志58卷、表8卷、列传97卷，记述了从蒙古族兴起到元王朝建立和灭亡的历史。

■ 丘处机与成吉思汗雪山会见

■ 成吉思汗画像

答。深得成吉思汗的礼敬，尊称其为"丘神仙"。

最后，丘处机在1223年请准东归时，成吉思汗赠金虎牌，请他"掌管天下的出家人"，并赦免了全真门下道士的差役赋税，又派了数千护骑兵送王重阳回燕京。

丘处机改天长观为长春宫，又敕修白云观，并以万岁山、太液池赠之，改名为万安宫。和成吉思汗的这次会见成为了全真教发展史上又一重要转折点。

当时，蒙古铁骑在成吉思汗的率领下打遍天下无对手，灭国无数，建立了一个历史上国土面积最大的国家。由于全真教对成吉思汗的教化，使我国多少年来的文化、建筑等等诸多方面没有遭到毁灭性打击，这中间丘处机所起的作用不可估量。

在成吉思汗西征时，丘处机受邀第一次去与他会见。成吉思汗深感丘处机知识渊博，以长者之礼待之，丘处机于是以中原文化，诸如孔孟之道引导成吉思汗，才使成吉思汗放弃了攻进中原后掠夺的打算，并且让其子女学习中原文化，以礼御兵。

丘处机对成吉思汗的劝说，减少了军队进攻中原时的杀戮和破坏，使他在当时已得到大众的高度评价，也使全真道成为当时最兴盛的宗教。

后世的不少评价，都盛赞丘处机拯救生灵的功德，甚至超越他在宗教上的贡献，例如全真道道士撰写的全真道五祖七真传记《金莲正宗记》便收录了一个故事，记载3个人在讨论丘处机的贡献。

故事中的前两个人分别称许他的修炼精湛和弘道有功，而最后一人则批评两者"见其小不见其大"，赞扬丘处机的最大贡献是使"四百州半获安生"，幸免于难的百姓"不啻乎百千万亿"。

后世的清高宗也曾经撰写一副对联赞扬了全真教和丘处机作出的贡献：

万古长生，不用餐霞求秘诀；
一言止杀，始知济世有奇功。

■成吉思汗雕塑

孔孟之道 孔子与孟子同为儒家文化大师，都推崇"仁"的思想，都讲求"仁者爱人"，但是二者却有着较大的区别。孔子偏向敦厚，而孟子则偏向愤世嫉俗。

■ 白云观邱祖殿

心灵之依 ◎ 民间宗教与民间信仰

燕京 北京的古称。我国四大古都之一，是世界上拥有文化遗产项目数最多的城市，是一座有3000多年建城历史的历史文化名城，拥有众多历史名胜古迹和人文景观。自秦汉以来，北京一直是我国北方的军事和商业重镇，名称先后为蓟城、燕都、燕京、涿郡、幽州、南京、中都等。

其中的"一言止杀"4个字，也成为后世简括丘处机贡献的常用词。

女真为主体的金人主中原后，北方先后出现了太一教、大德教、全真道三足鼎立的局面，但是由于王重阳创建了完善的全真教教义、教制，因此全真教仍然有着绝对的优势。

以全真教的发展势头来看，王玉阳、丘处机、刘处玄等教首被金帝请教为第一步飞跃，丘处机教化蒙古成吉思汗为第二步飞跃，使全真道在北方道教诸派中脱颖而出，取得了"自由建造宫观，广收徒众"的优势地位。

1224年，丘处机返抵燕京，被请住长春宫，成为道教的风云人物，所居长春宫从此成为了全真道活动的中心。丘处机曾对随行弟子说：

> 今大兵之后，人民涂炭，居无室，行无
> 食者，皆是也。立观度人，时不可失。此修
> 行之先务，人人当铭诸心。

此后，全真弟子们大建宫观，广收门徒的活动，就以空前的规模开展起来了。从丘处机住长春宫起，一直持续到尹志平、李志常掌教期间。在这短短30多年里，到底建了多少宫观，收了多少门徒，实在难于详细考证了。

仅就地方志《顺天府志》所引地方志《析津志》和元代官修全国性地理总志《元一统志》所记，全真教的宫观在燕京及其附近地区少说也有百余所，都是丘处机至李志常掌教期间所建。

1269年，忽必烈诏尊全真道所奉东华帝君、钟离权、吕洞宾、刘海蟾、王重阳五祖为"真君"，王重

《元一统志》
原名《大元大一统志》，是元代官修全国性地理总志。对全国路府州县建置沿革及山川、土产、风俗、里至、宦迹、人物，皆有详述。内容繁博，体例严密，为历代总志所不及。还绘有彩色地理图，首创"一统志"之名，对明清两代修撰《一统志》影响巨大。

■ 长春宫

■ 刘海蟾雕塑

元武宗（1281年～1311年），海山，元代的第三位皇帝，蒙古帝国的可汗，汗号"曲律可汗"，1307年被拥立为帝，谥号仁惠宣孝皇帝。元武宗共在位四年，期间我国内部的矛盾得到舒缓，元朝政治稳定而顺利，全国歌舞升平，国力强大，是元代的一位明君。

阳为"全真开化真君"。后人称这五人为"北五祖"；又尊王重阳七大弟子为"真人"，世称"七真"。

1276年，原同源异流而分传于金与南宋的全真道和道教南宗，逐渐认同、融合，至元代中后期，二宗合并的条件渐趋成熟。

在南宗大师陈致虚等人的推动下，二宗经过对祖师宗祀的研究，南宗最终并入全真道。合并后的全真道遂成为更大的道派，盖过江南正一道而统领天下道教。

1310年，元武宗加尊全真五祖为"帝君"，王重阳为"全真开化辅极帝君"，七真为"真君"；丘处机弟子尹志平等18人为"真人"。教门之盛可谓空前绝后，"千年以来道门开辟，未有今日之盛！"其尊贵盛堪称道教诸派之冠。

明代皇室对佛、道采取抑制、约束政策，对全真道支持较少，在此情势下，统一的全真道渐次分解成诸多支派。主要的有"七真派"。

另外，又有一些全真道士分别组成"五祖派"，即宗祖王玄甫的少阳派，宗祖钟离权的正阳派，宗祖吕洞宾的纯阳派，宗祖刘海蟾的刘祖派，宗祖王重阳的重阳派以及张三丰开创的武当派等。

其中的全真武当派得到了明朝以永乐皇帝为代表的大加推崇。它们的形成时间，最早在明代中后期，多数在明后。

全真教的鼎盛发展，离不开两个大方面。我国中唐以来先后出现了吕洞宾、陈抟、刘海蟾、张伯端等一些内丹大师，尽管他们的内丹理论著作影响深远，但始终未能形成内丹派教团组织，只限于个别丹家递相密授。

开创了全真教的王重阳则不同，他不仅有很强的思想创造力，而且显示了超凡的传道智慧和组织才能，并吸收马丹阳、丘处机等7人为徒，终于使教门大盛。所以，全真道尽管比东汉时张道陵创立的天师道要晚出1000余年，却发展迅速，成为我国道教史上盖过天师道的最大教派。

王重阳引儒入道，大力提倡"三教合一"，不仅提升了道学对中华传统文化的统摄与融合的功用，更于衰危乱世中保存了中华道学文化之命脉。

在金元时期，北方汉族遗民连生存尚且都无法保证，更谈不到汉民族文化的保存和延续，王重阳汲取儒、释、道三教精华，提炼升华为全真教义，传播给弟子道众，继而散播到全国各

■ 张三丰（1247年～1458年），全真武当派的祖师，本名通，字君宝，元季儒者、武当山道士。善书画，工诗词，是武当派的开山祖师。明英宗赐号"通微显化真人"。张三丰所创的武学有王屋山遇遇派、三丰自然派、三丰派、三丰正宗自然派、日新派、蓬莱派、檀塔派、隐仙派、武当丹派、犹龙派等至少17支。

太清宫弘道院

地，自此以后，全真道不灭、内丹学不失传、中华民族的传统文化则无灭绝之虞。在此后的道教发展中，全真道成为了道教的主流，而由丘处机开创的龙门派又成为了全真道的主流。总的来说，全真道保持了800多年连绵不断的发展。

阅读链接

三教合一是指佛教、道教、儒教三个教派的融合。儒、道、佛是我国传统文化的主体，三教的分合贯穿近2000年来我国思想文化史中，对我国文化乃至我国社会的变迁都产生了巨大影响。在此过程中，全真教对三教合一有一定贡献。

三教概念的发展可以分几个阶段，魏晋南北朝是一个阶段，唐宋是一个阶段，元明清是一个阶段。最初的阶段里，虽然有三教的连称，不过彼此是独立的，当然相互间都有影响，儒、道、佛三者之所以相提并论，则是偏重于它们社会功能的互补。

三大教派

我国古代民间宗教的思想渊源，可以上溯到氏族社会的原始宗教。进入阶级社会以后，在相当长的一段时间里，宗教活动如卜筮、占星、祭祀等，都被上层的巫祝们所把持，一些散漫的民间信仰，也远未形成定型的宗教。

历史上每个民间宗教的教派为了安身立命，独立兴教，一般都要编撰一种或数种本教的经典读物，即所谓的宝卷，用来阐述其教义思想。这些宝卷，大都通俗易懂，便于咏唱讽诵，为群众喜闻乐见，对于人民群众的文化思想产生重大的影响。

弥勒教信仰的世俗化过程

弥勒菩萨画像

弥勒教最早于梁武帝时期创立，创始人傅大士自称"双林树下当来解脱善慧大士"，广弘菩萨行，门下有傅宣德等人。

早在东汉汉明帝刘庄时，有一次，汉明帝做了一个奇怪的梦，他梦见一高大的金人，头顶上放射白光，降临在宫殿的中央。明帝正要开口问，那金人又"呼"地一声腾起凌空，一直向西方飞去。梦醒后，百思不得其解。

第二天朝会时，汉明帝向群臣详述梦中所见，大多数人都不知其由。后来有个博学的大臣说那可能是西域

■ 弥勒佛像

的佛陀，汉明帝听说西域有神，其名曰佛陀，于是派使者赴天竺求得其书及沙门，并于洛阳建立我国第一座佛教庙宇白马寺。

魏晋南北朝时期，祸乱频繁，很少有太平的时候，加之佛教的逐渐传播，人心苦思解脱，多向往佛法，于是民间就出现了弥勒教。

弥勒救世思想始流行于动乱的两晋南北朝，迎合了中土各阶层人民惧怕"生老病死苦"的心理和生命永驻的理想，于是大行于中原。

南北朝时期，弥勒信仰加快了世俗化与民间化，并与底层民众社会运动发生联系。在这一过程中，关于弥勒信仰的大量伪经出现。这些伪经本依印度传经的某一思想，敷衍成篇，或另有意图。

如《弥勒成佛伏魔经》这类伪经，即依《弥勒下生经》中一段伏魔的故事，衍成全经。这类伪经的出现，与乱世人心大有关系。世乱则厄运丛生，群魔乱舞，人民希望有弥勒这样的救世主，伏魔以安定世

梁武帝（464年～549年），萧衍，字叔达，大梁政权的建立者，谥为武帝，庙号高祖。萧衍在位的时间长达48年，在南朝的皇帝中列第一位。在位颇有政绩，在位晚年爆发"侯景之乱"，都城陷落，被侯景囚禁，享年86岁。

■ 草堂寺的弥勒佛

心灵之依◎民间宗教与民间信仰

中原 也叫中土、中华、中夏、华夏等，古代指中原地区，也就是华夏民族和华夏文明的发源地。中土的概念是黄河中下游为中心的地域，意为国之中，天地之中。华夏民族的祖先根据天文、地理、和风水学的概念，认为位于中岳嵩山山麓的中原河南登封，位居天下居中的位置。

事，以至于出现了几次大乱的事件。

从宗教史的角度来看，弥勒教、摩尼教实为南北朝、隋唐及北宋时期两大民间教派，且相互交汇融合，形成民间救世思想的主流。

摩尼教又称牟尼教或明教，是一个源自古代波斯宗教祆教的宗教，为3世纪中期波斯人摩尼所创立的。是一种将基督教与伊朗马兹达教义混合而成的哲学体系。

弥勒的教义和摩尼的教义，有一定的联系。摩尼教被意译为"明教"，教义被简明地归纳为"清净、光明、大力、智慧"8个字。在南北朝时，摩尼教与弥勒教就有融合或相混合的纪录，甚至在摩尼教原始教义中，也卷入了弥勒佛的信仰。

唐代，摩尼教由波斯传入我国，不久即遭禁断。其后，回鹘又借机将已成为国教的摩尼教带入中原，并依恃回鹘之力，在唐广为传布。

摩尼师先后在长安、荆州、洪州、越州、扬州、太原府和河南府设寺传教,至唐武宗大举灭佛时,摩尼教不得不转入地下,流入民间,演化为民间宗教。

宋代,北方信阳地区已经出现了集经社和香会的名目。1047年,涿州的农民王则本逃荒到贝州给地主放羊,后来起兵造反,自称东平郡王,他的口号是"释迦佛衰谢,弥勒佛当持世"。

教众中有农民、秀才、吏员、兵卒、绿林好汉、江洋大盗、武林俊彦等。教徒白衣乌帽,秘密结社,共同尊奉明使为教内尊神。

当时,由于处于秘密状态,教名也有多种别称,除浙江称摩尼教、福建称明教外,据陆游自编词文集《渭南文集》卷五《条对状》记载,淮南称二桧子,江东称四果,江西称金刚禅,福建又称揭谛斋等。

此外,怀州沙门高昙晟、四川万年县女子刘凝静等,皆假称弥勒降世造反。这时期的我国,第一部长篇神魔小说《三遂平妖传》则反映了普通民众对弥勒教的看法。

元代,弥勒教与摩尼教相融会的"香会"继续发展。

耶律楚材将白莲教与香会并列为释教之邪。但是,在元代初年,多数白莲教团依忏堂而存在,念经垒忏,安分守法,与元末情况不同,与香会也不同。

061

独立成教◎三大教派

■摩尼像

雪窦山雪窦寺弥勒大佛

元末农民军兴起，香会成为组织纽带。香会之称也变为香军，宗教组织转化为军事组织，烧香结会，礼弥勒佛，继而韩山童父子被奉为出世之明王，下生之弥勒佛。不甘现世苦难的民众聚拢在这面旗帜之下，揭竿造反。元末袁州僧人彭莹玉，结社造反。其后，韩山童、徐寿辉等假香会组织红巾军反元，后与白莲教融合。

无论弥勒教，还是摩尼教，都是当时古代社会中的下层人士，为摆脱残酷压迫与苦难，希求获得安定与幸福的朴素信仰。

心灵之依◎民间宗教与民间信仰

阅读链接

弥勒是佛教八大菩萨之一，大乘佛教经典中又常被称为阿逸多菩萨，是释迦牟尼佛的继任者，将在未来娑婆世界降生成佛，成为娑婆世界的下一尊佛，在贤劫千佛中将是第五尊佛，常被尊称为当来下生弥勒尊佛。

传说弥勒降世的娑婆世界，海水平静，土地肥沃，多有自然乐园。一年四季，风雨调顺，百花开放，万类和宜，产物丰收，果实甘美，并产天然粳米，没有糠皮，滋味香美，如果成熟，不炊可食，人食长寿，毫无疾苦。又无任何灾难，人心皆为大善，没有不良的思想言行。人人皆知修习身心妙行，人心平等，不起分别，无有争执，相见欢悦，多以善言互相勉励，人行万善，无诸恶业，饮食无忧。

流行于元明清的白莲教

　　白莲教最早就是净土宗，是在南北朝时期创立的，最早名为白莲社。"白莲"一名是有些来由的。东晋时，净土宗始祖慧远在江西庐山邀集18位高贤，于东林寺结社念佛，立誓死后要往生西方极乐世

■东林寺大门

■ 东林寺内的大雄宝殿

陶渊明（约365年～427年），字元亮，一说名潜，字渊明，号五柳先生，世称靖节先生。我国东晋末期南朝宋初期诗人、文学家、辞赋家、散文家。陶渊明曾做过几年小官，后辞官回家，从此隐居，田园生活是陶渊明诗的主要题材，相关作品有《饮酒》、《归园田居》、《桃花源记》、《五柳先生传》和《归去来兮辞》等。

界。他们还凿池种植白莲花，将念佛之地取名为白莲社。名士陶渊明、谢灵运也时来游玩酬唱，于是东林寺成为僧俗的雅集之地。后世信徒以为楷模。

北宋时期，净土念佛结社盛行，多称白莲社或莲社，主持者既有僧侣，也有在家的信徒。

南宋绍兴年间，吴郡昆山，即后来江苏昆山僧人茅子元，法名慈照，在流行的净土结社的基础上，创建新教门，称白莲宗，也叫白莲教。

到了元代，白莲教渗入了其他宗教观念，主要是弥勒下生说，逐渐转为崇奉弥勒佛。

早期的白莲教崇奉阿弥陀佛，提倡念佛持戒，即不杀生、不偷盗、不邪淫、不妄语、不饮酒，合称五戒。以求往生西方净土，教义与净土宗大致相同。

茅子元采用天台宗教理，他绘制《圆融四土三观选佛图》，用佛像、图形和比喻来解说佛土的高低，简化并统一前人制作的念佛修忏仪式，制定了《白莲晨朝忏仪》。

先前的净土结社，参加者之间只是松弛的社友关系，社与社互不相属，茅子元将其改为师徒传授、宗门相属。他在昆山淀山湖建白莲忏堂，自称导师，坐受众拜，又规定徒众以"普觉妙道"四字命名，从而建立了一个比较定型的教门。

白莲教的经卷繁多，主要有《金锁洪阳大策》、《玄娘圣母经》、《镇国定世三阳历》、《弥勒颂》和《应劫经》等。

白莲教在产生之初，曾遭到朝廷的禁止，茅子元被流放到江州，即后来的江西九江。但因教义浅显、修行简便而得以传播。到了南宋后期，虽然仍被一些地方官府和以正统自居的佛教僧侣视为"事魔邪党"，但是已到处有人传习，甚至远播到了北方的蒙古族。

元王朝统一我国后，白莲教受到朝廷的承认和奖掖，进入了全盛的时期。庐山东林寺和淀山湖白莲堂，是当时白莲教的两个中心。

白莲教以"普化在家清信之士"为号召，形成

茅子元 南宋人，号万事休，法名慈照，19岁落发为僧。编成《白莲晨朝忏仪》，于1133年在淀山湖创立白莲忏堂。因茅子元尊慧远为初祖，自视为白莲社传人，称白莲宗，又称白莲教。茅子元自称白莲导师，其徒号白莲菜人，可娶妻生子，与常人无异，并可男女同修，得到下层民众的广泛信仰。

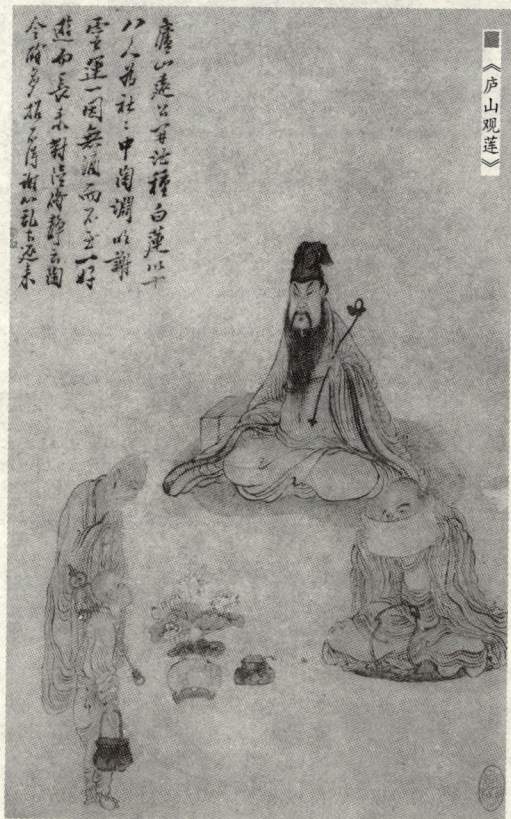

《庐山观莲》

莲社图

一大批有家室的职业教徒，称白莲道人。因为他们在家出家，不剃发，不穿僧衣，又被称为不剃染道人或有发僧。

元代由白莲道人组成的堂庵遍布南北各地，聚徒多者千百，少者数十，规模堪与佛寺道观相比。

堂庵供奉阿弥陀佛、观音、大势至等佛像，上为皇家祝福祈寿，下为地方主办佛事，也有一些修路筑桥之类的善举。堂庵多拥有田地资产，主持者往往父死子继，世代相传，堂庵的财产实际上是主持者世传的家产。

经过长期的流传，白莲教的组织和教义在元代起了变化，戒律松懈，宗派林立。一部分教派改奉弥勒佛，宣扬"弥勒下生"这一本属弥勒净土法门的宗教谶言。有的教徒夜聚明散，集众滋事，间或武装反抗元廷统治。

1308年，朝廷忌白莲教势力过大，于是下令禁止。经庐山东林寺白莲堂主僧普度奔走营救，白莲教才在仁宗即位后恢复合法地位。及至1322年，其活动又被限制。

此后，许多地方的白莲教组织，对官府持有敌对的态度，外加其信徒多为下层群众。因此，当元末社会矛盾激化时，一些白莲教组织率先武装反元。

红巾起义领导人韩山童、刘福通、徐寿辉、邹普胜等都是白莲教徒，他们以明王即阿弥陀佛出世和弥勒下生的谶言鼓动群众，产生了很大的影响。

明初，朝廷严禁白莲教。明洪武、永乐年间，川、鄂、赣、鲁等地多次发生白莲教徒武装暴动，有的还建号称帝，均被镇压。

明中期以后，民间宗教名目繁多，有金禅、无为、龙华、悟空、还源、圆顿、弘阳、弥勒、净空、大成、三阳、混源、闻香、罗道等数十种，有的一教数名。它们各不相属，教义、仪轨颇多歧异，信奉的神极为繁杂，有天宫的玉皇、地狱的阎王、人间的圣贤等等，最受崇奉的是弥勒佛。

从正德年间开始，出现了对无生老母的崇拜。据称，无生老母是上天无生无灭的古佛，她要度化尘世的儿女返归天界，免遭劫难，这个天界便是真空家乡。各教派撰有自己的经卷，称为宝卷。

这些不同的教派实际上仍是白莲教，民间也笼统地称它们为白莲教。

在南宋时期，由于白莲教在总体上还未脱离正统佛教的教义，因此还为统治者所容纳。

元代，由于教内各阶层人群所处的地位不同，追求目标也就发生了明显的分歧。一派以茅子元正宗流裔自居，在宗教学说及其实践上，继承茅子元的衣钵，政

阎王 阎罗王，简称阎王，又叫"阎摩罗王"、"阎魔王"等，汉译为"缚"、捆绑、捉拿有罪过之人。他能判决人生前之罪，加以赏罚。阎罗王的职责是统领阴间的诸神，审判人生前的行为并给予相应的惩罚。在佛教中，阎王信仰有很多各自不同但互相联系的说法，如"平等王"、"双王"等等。

■ 明太祖朱元璋

治上和元统治者合作。另一派则完全背叛茅子元倡教宗旨，与下层民众运动相契合，走上了反抗元政权的道路。

1351年，元政府强征民夫堵塞黄河失口，引发了全国规模的白莲教大起义。起义军以"弥勒下生，明王出世"相号召，得到广大民众的积极响应，进而迅速席卷全国。

1368年8月，明军攻入北京，推翻了元王朝。朱元璋深知白莲教造反的意义，在自诩"大明王"登基称帝后，他立即颁布取缔了白莲教的禁令。

但是，白莲教并未因此而销声匿迹，经过明前期的南北融合之后，反而出现了暗地流传的盛况。明建国后，白莲教徒起事造反，接连不断。

清军进关入主中原以后，白莲教教徒往往多以民族利益为重，举起反清复明的旗帜，从而遭到清朝严刑峻法的禁止。但是，在清顺治、康熙、雍正三朝以及乾隆时期，白莲教的反清复明活动，始终没有间断过。

阅读链接

民间流传着一个白莲教道士的故事。那个道士不知道姓名，也许是白莲教创始人徐鸿儒的徒弟。有一天这道士将要出门，临走前做法将一个盆盖在另一个盆上，让徒弟看管好，不要去掀开那个盆，然后就走了。

徒弟好奇心强就掀开了盆看见里面装着水，水上有一个用草编的小船，船上还有帆和樯，徒弟用手去拨动，船随着手指就倾侧了一下，徒弟急忙将小船扶稳，将盆盖好。师傅回来后发觉了船被动了，严厉地责备了徒弟。结果第二天，当地就发了大水，只有少数人家获救。

无为教衍生东西两教派

无为教是我国明朝时期形成和流传的一种宗教，也被称为罗教和罗祖教。其创始人是罗梦鸿，于1500年左右创立。无为教结合了佛教禅宗和道教中的许多教义和传统。无为教最重要的经书是5部经卷，即《苦功悟道卷》、《叹世无为宝卷》、《破邪显证钥匙卷》、《正信除疑无修证自在宝卷》和《巍巍不动泰山深根结果宝卷》。

这5部经书是由罗梦鸿口述，由他的徒弟记录下来的，经书中反映出罗梦鸿的教义，从一开始

明代阿弥陀佛画像

■ 明代水陆缘起图

比较偏向佛教，进而不断地结合越来越多的道教因素的过程。

从佛教中，无为教采纳了"心造一切"概念，认为人的苦难是由于心里欲望造成的，因此罗教追求无为，放弃任何欲望，以达到最高的内心状态。事实上无为教在一开始的时候，称自己为禅宗的一支。

从道教中，无为教吸收了道玄的概念来解释世界的形成。无为教认为世界是从真空家乡中形成的。这个真空家乡演化为世界万物，外部世界不是禅宗的教义中那样从内心产生的，而是外部事实的。

从民间的神话和传说中，无为教制造了一个至高无上的神，即无极圣祖，又名无生父母。这个神是所有生物的主宰，尤其在人去世后，有判决人的再生、超度或入地狱的权力。从无极圣祖后来衍生出无生老母。

无为教后来衍生出了东大乘教和西大乘教两个宗教。

东大乘教是一支深受无为教影响而创立的民间宗教教派，其创立者为明代北直顺天府蓟州人王森。

王森又名王道森，原名叫石自然。王森在青年时代，为蓟州皮

心灵之依◎民间宗教与民间信仰

工。此时，正是无为教分支佛广大乘教在蓟州境内盛行时期。王森看到了佛广大乘教在此流传的盛况，因而深受其影响与启迪，遂萌生了自创教派的想法。

1564年，王森认为时机成熟，便自称"法王石佛"，也以大乘教命其教名，因其发祥地在京东，故名东大乘教。

王森创立东大乘教后，自蓟州向东移居永平府滦州石佛口，并以此为据点开始传教。至明万历中期，信众已遍布北直、河南、山东、山西、陕西、四川。

王森以信徒所献巨万香金，在北京、顺天、永平等地置田数千亩，富过王公诸侯。因其过分显赫，1585年，被人讦告下狱，后被人用贿得释。

1614年，王森门徒李国用与其分庭抗礼，并将其出卖。同时，又因是年冀东大旱，其弟子高应臣等乘机制造舆论，拥其起事于清凉山，致使王森再次被捕。1615年，王森在狱中病死。

王森生前没有留下经卷，东大乘教的传教经典《皇极金丹九莲正信归真还乡宝卷》，为其门徒所撰。从该部经卷中可以看

诸侯 我国古代帝王所分封的各国国君的统称。周代分公、侯、伯、子、男五等，汉朝分王、侯二等。诸侯在名义上要服从皇帝的政令，向皇帝朝贡、述职、服役，以及出兵勤王等。

■ 明代风潮使者神像

心灵之依 ◎ 民间宗教与民间信仰

■ 明代宗教画《达摩六祖图》

《五部六册》
所谓罗清《五部六册经》宝卷是指：第一部《苦功悟道卷》，第二部《叹世无为卷》，第三部《破邪显正钥匙卷》，第四部《正信除疑无修正自在宝卷》，第五部《巍巍不动泰山深根结果宝卷》。

出，王森以罗清为祖师，以《五部六册》为教中圣典，其核心思想是继承与发展无为教的三世三佛理论。但不同的是，该教以弥陀佛代替弥勒佛，向往弥陀治世。

约从清初起，东大乘教为躲避官府查禁，改名清茶门教。清茶门教在直隶、河南、山西、湖北、江南等省扎根串联，广收徒众，到清乾隆、嘉庆年间，形成了东大乘教传教史上的又一个鼎盛期。

王森在世时，没有自称过弥勒佛，而是以弥陀佛自诩。只是到了王好贤踵行教主职权以后，才自称弥勒教主。王好贤被杀后，其子孙后裔继续高举弥勒救世大旗，不断宣扬反清复明思想，致使清代朝廷对其严厉清查。

从清顺治年间起，清政府就对各地清茶门教进行全面清剿，历经200多年的王氏宗教世家土崩瓦解，清茶门教也随之衰微。

但是，东大乘教对明末以来的民间宗教的影响是

巨大的。由东大乘教衍生的宗支派系，即棒槌会、龙天道，尤其是大乘天真圆顿教继续传播东大乘教的教义思想，对清代乃至民国时期的民间宗教，产生了重大影响。

西大乘教也是深受无为教影响而建立的民间宗教，该教与东大乘教不同的是，西大乘教的创立者是一位法名归圆的少年比丘尼。

归圆俗姓张，北直开平人，生于1559年。她自幼深受无为教的影响，9岁出家为尼，12岁投顺天保明寺。归圆因熟读《五部六册》，颇有领悟，于是依法撰述，于公元1571年写成上下两册的《圆觉经》。

归圆自称无生老母、观世音菩萨和保明寺开山祖师吕菩萨的化身，创立了大乘教。因其发祥地在京西保明寺，因此又称西大乘教。此后，归圆又陆续撰写了其他四部宝卷，于1573年告竣，史称《大乘教五部经》。

西大乘教继承了无为教的教义思想，反复告诫信徒，只有掌握无为法，才能回归家乡。在最高崇拜方面，西大乘教虽然承继了无为教的无生老母信仰，但它更强调无生老母的转化说。

西大乘教认为，这位转化的救世主，第一次临凡转化为保明寺的开山祖师吕菩萨，第二次则转化为西大乘教的建立者归圆。归圆这种

■ 明代壁画五百罗汉像

明神宗（1563年～1620年），朱翊钧，明朝的第十三位皇帝，也是明穆宗的第三个儿子。1568年被立为皇太子，1572年登基，1573年改年号为万历。万历皇帝亲政初期勤于政务，在军事上发动了"万历三大征"，平定了叛乱，是明代在位时间最长的皇帝。

自诩为最高女神的做法，可以说在明代中末叶的民间宗教是鲜见的。

不但一代宗师罗清、李宾、王森等人没敢如此做过，就是同为女性的罗佛广、米贝等人，也仅是被后世门徒尊奉为机留女和米菩萨。

归圆以一位少年比丘尼脱颖而出，竟敢冲破前人樊篱，以民间宗教信仰中最高女神自居，既说明她在信仰领域中的大无畏精神，也反映出明万历年间的社会精神生活的失控状态，已经到了无以复加的地步，因而才给归圆以可乘之机。

与无为教相比，西大乘教更具有浓郁的道教色彩。在西大乘教的诸种宝卷中，到处充斥着道教内容，让无生老母除了披上一件佛教的面纱之外，又添饰一具道教的冠冕。

由于明神宗生母李太后也信奉西大乘教，因此在明神宗登基时，由她领头，集合朱希忠、朱希孝、冯保、陈奉等达官显宦1700多人，还向保明寺捐造了一口铜钟，钟上铭文刻着无生老母别称，即"天地三界十方万灵真宰"10个大字。

李太后还在1573年资助归圆印造《大乘教五部经》，使西大乘教从一开始就以合法宗教的面目流传于世。1584年，以定西侯蒋建元和永康侯徐文炜两人领衔，又捐资重刻刊行《大乘教五部经》，西大乘教又得到了功臣勋戚的有力支持。

李太后等宫中权贵信奉与支持西大乘教，于是西大乘教就编出九莲菩萨下凡的神话，将李太后捧上了九莲菩萨果位，尊为"九莲菩萨"，使李太后成了西大乘教的保护神。

西大乘教因有李太后等宫中权贵做靠山，故而发展极快，信徒遍及京畿州县，成为明末民间的一个公

铭文 铜器研究中的术语。本指古人在青铜礼器上加铸铭文以记铸造该器的缘由、所纪念或祭祀的人物等，后来就泛指在各类器物上特意留下的记录该器物制作的时间、地点、工匠姓名、作坊名称等的文字。

■ 明代壁画五百罗汉像

开的宗教派别。

清入关以后，在清政府严厉查禁民间宗教的过程中，大多数教派受到了镇压和取缔，而西大乘教却以保明寺这座正统佛寺为掩护，躲避了正面的冲击。清康熙年间，保明寺失火被焚，后得康熙允许，保明寺重又落成，康熙赐名"显应寺"，西大乘教继续以该寺为基地，进行传教活动。

以寺庙为基地，有着丰裕固定的财源，这就使西大乘教无需结成牢固的教团组织，也无法建立以血缘为纽带的世袭传教系统，而只要按照寺庙中的师徒辈份传承，就可以流传不衰。

归圆建立西大乘教后，尊保明寺第一代住持吕尼为该教开山祖师，归圆任保明寺第五代住持。此后，保明寺住持同时又是西大乘教教主，代代相传，绵延不绝，到1670年时，已传至12代。

西大乘教最初在北京西山一带传播，后来流布极广，除华北各省外，远及江西、安徽、四川等地。作为西大乘教领导中枢的保明寺，由于康熙改名"显应寺"，复归佛教寺院。从此，西大乘教传人分散，各立门户沿传。

阅读链接

传说罗祖是山东莱州即墨人氏，曾在北京密云卫当兵，因思虑生死大事，故退了军丁昼夜参悟求道。当时有外敌围困，眼见危急。一日三更，锦衣卫总都做梦，见北京有"真人"，说可解此难。总都次日即带众兵，各执五分真香迎接，果然找着如梦中神像的罗祖，只见他一身紫气腾腾，毫光显现。

在总都和众人再三央求下，罗祖来到阵前，番兵一见，心惊胆战。罗祖弯弓连射3箭，番兵只见3朵莲花从空而下，以为明王朝有上天神灵佑护，竟带兵马回转本国，从此太平无事。

日月风雨

人类自降生以来，就与自然界有着不可分割的联系。中华民族祖先最初把自己作为自然界的组成部分，整体融和在自然之中，没有与自然对立的观念。

早期人类生活的自然环境是非常恶劣的，风雨雷电等，经常给他们带来毁灭性的灾难。这些自然现象刺激着人类思维的发展，久而久之，自然在人类的观念中就变成了一种神秘的异己力量，进而产生了日月风雨等各种各样的自然信仰崇拜，反映了人类最初认识自然的水平，同时也表达了心中的美好愿望。

起于夏代的太阳神祭祀

太阳神雕塑

　　人类对自然界的第一个感觉，恐怕是日夜的交替了，世界的各民族普遍存在着对太阳的崇拜，我国也有许多关于太阳的神话传说。

　　太阳神话是一切神话的核心，一切神话都是由太阳神话派生出来的。太阳从仅仅是个发光的天体变成世界的创造者、保护者、支配者和奖赏者，实际上变成一个神，一个至高无上的神。

我国西汉时期的一部论文集《淮南子·本经训》记载：

> 逮至尧之时，十日并出，焦禾稼，杀草木，而民无所食。

这个关于古时存在着10个太阳和尧时十日并出害人的记载，则更把太阳当成有意志的神灵看待。既然是神灵，就要敬祀。

自夏代至商周，日神被作为主宰上天的神来崇拜。周时，齐地奉祀的八神中就有日神，而南方楚地则把日神人神化，称之为"东君"或"东皇太一"。在甲骨卜辞中也有许多崇拜日神的记录，这是因为殷人对日神有朝迎夕送的仪式。

由于对日神的崇拜，民间对日食这一自然现象也产生了迷信，认为日食是不祥之兆，需要进行隆重的祭祀。每当发生日食时，民间往往敲击锣鼓、器皿，以赶走食日的"天狗"。

原始社会的先民们在长期生活中观察到，太阳能促进树木花草和农作物的生长、成熟，能给人带来光明、温暖，还能明辨善恶，洞察人间。所以，大约在进入新石器时代以后，便开始奉太阳为丰产之神、保护之神以及光明正大、明察秋毫之神。

■ 天狗吃月木板年画

夏代 历史上惯称为"夏"，是我国传统史书中所记载的第一个中原世袭制朝代。一般认为夏代是多个部落联盟或复杂酋邦形式的国家。夏时期的文物中有一定数量的青铜和玉制的礼器，其年代约在新石器时代晚期、青铜时代初期。

■ 金沙遗址出土的
"四鸟绕日"金箔

《山海经·海外东经》 此卷是《山海经》中的第四卷。《山海经》是先秦古籍，是一部富于神话传说的最古老的地理书。《海外东经》描述的地域与《尚书》中嵎夷的地望以及海岱地区龙山文化尧王城类型的分布极为一致，描写的地理走向也与鲁东南沿海一带的地理走向一致。

三星堆遗址出土的高达2.62米的大型青铜立人像以及成都金沙遗址出土的近0.15米高的青铜小立人像，就糅合了传说中的太阳神形象。

值得注意的是，金沙遗址出土的直径0.12米的"四鸟绕日"金箔，直接以12条涡状牙纹象征太阳，与三星堆的青铜"轮形器"有异曲同工之妙。

先秦重要古籍《山海经·海外东经》里记载：

> 下有汤谷。汤谷上有扶桑，十日所浴，在黑齿北…大荒之中有山，名曰孽摇頞羝，上有扶木，柱三百里，其叶如芥。有谷，曰温源谷。汤谷上有扶木，一日方至，一日方出，皆载于乌。

汤谷即"旸谷"，是神话传说中太阳升起之处。与虞渊相对，虞渊指传说中日落之处。

根据史料记载，汤谷位于山东东部沿海地区，是上古时期羲和族人祭祀太阳神的地方，是东夷文明的摇篮，也是我国东方太阳文化的发源地。

那汤谷具体是指哪些地方呢？据多体裁文献汇编《尚书·尧典》记载，汤谷在一个叫作嵎夷的地方，嵎夷又指的是我国东方的青州。

根据南宋或者清乾隆年间编写的《四库全书》中的禹贡九州图，以泰山、蒙山到羽山一线为界，其北为青州，其南属徐州淮夷，那时胶东半岛尚属于海岛。因此嵎夷包括济南、淄博、潍坊、日照、青岛等地区，而东部沿海只有日照和青岛地区。

从日照一带出土文物及民俗看，这里是太阳崇拜文化发源地，特别是古骆越地为最，民间有祭天习俗，以及最近在大明山发现的古祭坛。

山东日照的中段塑造了一座"太阳鸟"雕塑。据传说，太阳也是一种鸟，它们会借助自己强健有力的翅膀坚持在天上飞。

远古的时候，太阳鸟太多了，共有10只，也就是说，天上有10个太阳一起炙烤着大地，热得人类受不了，地上就像着了火一样。

眼看世界将要灭亡了，这时出现了一位自愿为民除害的勇士名叫大羿，他用箭一下子射死了9只太阳

《四库全书》

《四库全书》将《永乐大典》的佚书与各省所采及武英殿所有官刻诸书汇编在一起的著作。《四库全书》的来源分为内府本、赞撰本、各省采进本、私人进献本、《永乐大典》本和通行本。《四库全书》的内容十分丰富，分经史子集4部，部下有类，类下有属。全书共4部44类66属。

■ 金沙遗址太阳神鸟模型

■ 大羿领命射日木浮雕

心灵之依◎民间宗教与民间信仰

凤凰 我国神话传说中的瑞鸟，也是古代传说中的鸟王，雄的叫凤，雌的叫凰，通称凤凰。传说凤头似锦鸡、身如鸳鸯，有大鹏的翅膀、仙鹤的腿、鹦鹉的嘴、孔雀的尾。凤凰象征美好与和平，比喻有圣德的人，是吉祥的象征，也是皇后的代称。

鸟，只剩下最后一个太阳鸟存活，却也身负重伤跌落到了人间，于是人间没有了太阳。

天地在经历了通昼的光明之后被无尽的黑暗湮灭了，没有了一丝亮光，天地间一片黑暗，就如同失去了希望一样，这时如果能有一个太阳在天上那该有多好啊！可是，剩下的一只太阳鸟在哪里？

太阳鸟断了翅膀，不能飞行了，不能回到天上了，它只有借助别人的力量才能回到天上给人类带来光明，那解救的唯一办法就是用凤凰的涅槃。

凤凰本是百鸟之王，传说凤凰降临到哪里就能给哪里带来吉祥。所以凤凰肩负起了拯救人类的使命，开始了寻找光明、希望之神太阳鸟。

凤凰飞呀飞呀，飞过万水千山、飞过草莽丛林、风餐露宿、不畏艰险，飞过了七七四十九天，终于在一棵三叶草下，找到了断了翅膀，身受重伤，奄奄一息的太阳鸟。

凤凰扯下自己的一片羽盖在了太阳鸟的身上，给它擦拭伤口，给它服药。太阳鸟的光芒很微弱，就像在风中摇摆欲灭的灯火，随时都有永远熄灭的可能。

凤凰知道，如果太阳鸟死去的话，后果就不堪设想了。它祈祷着，希望它的吉祥能带给太阳鸟希望，能令它早日康复，回到天上为人类谋福。

凤凰知道，太阳鸟康复飞升的那天也是自己涅槃的时刻，只有自己涅槃产生的巨大力量，才能将太阳推上天空。可是凤凰依然坚强着，默默地为太阳鸟做着一切。凤凰不后悔，她觉得那是在为人类造福，因为她本来就是要为人类带去吉祥的，她要让人间充满着光明和希望。那是至高的荣耀！

太阳鸟在凤凰的悉心照料下，伤势慢慢地恢复了。虽然太阳鸟的翅膀还不能活动太久，以至于不能立即飞升，可是人间一刻不能没有光明的，再这样下去这个世界就要被黑暗吞灭。

因此，凤凰每天都背着太阳鸟在天空游走，从东往西，日复一日。太阳鸟已经习惯每天被凤凰驮着一起东升西降。

太阳鸟还学会了调皮，刚开始它躲在凤凰的黑色的羽毛下，生怕让人看见，因为它害怕大羿再来射它，为此还偷偷地哭呢！这样天上便哗哗地下雨了。

有时候，太阳鸟会扯一块凤凰的羽毛来做纱巾罩在脸上，让人看到了半蒙蒙的多云天气；又有时候太阳鸟又从黑羽下突然钻出来，悄悄地拔一根凤凰的七彩羽扔在天空，人们便由此见到了美丽的彩虹。

太阳鸟雕塑

吉祥鸟凤凰

太阳鸟回归天上的时刻终于还是来临了。这一天，太阳鸟正单独飞翔东升，因为它的翅膀已经完全复原了。太阳鸟想要给凤凰一个惊喜，可是它不知道，没有凤凰涅槃产生的强大助力自己是飞不到天上去的。

"凤凰，让我今天自己飞好么？看！我已经康复了！"太阳鸟刚说完，凤凰突然飞起来，把太阳鸟推了上去，推得太阳一个趔趄就跳出了海平面。随即，一团烈火燃遍了凤凰全身，强大的火焰笼罩在凤凰周围，让太阳鸟只能慢慢往上升，升得越来越高，也越来越远。

太阳鸟惊讶地问："凤凰，你这是在干什么？"

凤凰回答说："太阳鸟，你是光明之神，只有你才能给人间带来光明，你肩负着光明的使命，而我只是顺应天意，帮你功德圆满，这是我的使命，我的职责。如今这个职责完成了，我的涅槃换来了你的重生，人类会因为你而幸福的，而同时也给了我永生。所以在我生命的每次轮回中我都要一生竭尽全力朝你飞去。"

太阳鸟感动地说："凤凰你放心，我会牢记你的话，我会恪守职责，为人类造福的。清晨的第一缕光芒我会照耀在有你的地方，期待着你的轮回永生，因为你也是希望、吉祥、永恒的象征，以后凡是你轮回降临的地方就是人间福地！"

心灵之依 ◎ 民间宗教与民间信仰

几经沧海桑田，物换星移，原来凤凰涅槃的地方现成了人类的居住地，一片安宁、祥和、繁华景象。太阳也信守诺言，为人间播撒着光明。清晨的第一缕曙光照耀的地方正是凤凰涅槃的地方，那是太阳鸟为感激凤凰所做的一切的馈赠。

太阳崇拜的历史十分久远，除了凤凰之外，也和其他传说中的神兽有关系。我国有个传统吉祥图案叫二龙戏珠，画着的是两条龙相对，戏玩着一颗宝珠，那颗宝珠也就是太阳的化身。

民间有很多吞珠化龙的传说：一位少年割草时得一宝珠，此珠放到米缸涨米，放到钱柜生钱。当地的财主知道后，带人来抢珠。少年情急中将珠放到口里，却一不小心咽了下去。

口渴之下，少年急忙去喝水，把自己家中的一缸水喝干了，又去喝河水、江水。喝着喝着，头上冒出了角，眼睛朝外凸，身子变长出鳞爪化为龙了。这样的传说广泛地流传于四川、浙江、广东等地，从中透示出"珠"的珍贵，以及珠和龙生命相依的关系。

龙戏珠图案，尤其是那些二龙戏珠图案，其珠多有火焰升腾，分明是一枚"火珠"或"火球"；下面是滔滔海水，

■ 凤凰雕塑

祥瑞 我国古代的说法，代表大吉大利心想事成的意思。祥瑞的种类很多，大体分为五种，也就是五个等级。其中，龙、凤、麒麟、龟、白虎是嘉瑞，是最高等级的瑞兆。嘉瑞之后分别为大瑞、上瑞、中瑞、下瑞四个等级。

自然信仰◎日月风雨

二龙戏珠影壁

可以理解为火球跃出海面。而在人们的视野和观念中，堪称"火球"的，太阳可排在第一。那么，很显然，火球出海也就是太阳出海了。

既然是太阳出海，为什么要龙来"戏"呢？这里要引入古人眼中的四方神：东方青龙，西方白虎，南方朱雀，北方玄武。太阳是从东方升起的，龙则是代表东方的神物。这样看来，龙戏珠就有太阳崇拜的意思了，该是太阳崇拜和龙崇拜的交融。

龙分雌雄，这是二龙戏珠的图案比较多的原因。雌雄二龙共迎旭日东升，让灿烂的阳光普照大地。再者，二龙对称，龙体弯长，珠形滚圆，在构图上也具有一种美感。

阅读链接

传说，太阳是由10大金乌化身而成的，他们都是帝俊和羲和的儿子，住在东方大海的扶桑树上，轮流出现在天上。金乌会有强大的控火能力，他们各有一个很大的披风，从下看上去就像3个脚，才叫三足金乌。在这10大金乌里，最厉害的就是大金乌。夏至就是他出来的，把大地都热得要命。最弱的就是十金乌，也叫小金乌。他是冬至时出来的，所以人间压根不怎么热。

远古神话传说中的10大金乌，表达了古人对日出日落和季节变化现象的观察和感受。

女性形象化身月亮之神

在诸天体中，月亮的隐显、圆缺，月食，月中的模糊图像，也引起了人类的想象。月亮又能带给人类黑夜生活的光明，以及判断时日的方便。因此，月亮也成为古人崇拜的对象。在我国，月亮崇拜的历史可追溯至5000年前的新石器时期，其相关器物上遗存的月神徽铭表明，这片土地上曾存在过世界上最古老的月亮崇拜的仪轨。

历史人类学和神话学的研究表明，在远古时代处于原始文化状态

东汉月神画像砖

■黄古珍作月神像

玉兔 我国神话传说中居住在月宫里的白色兔子，是嫦娥的化身。传说嫦娥因私自奔月而触犯了天庭法规，于是玉帝将嫦娥变成了玉兔，每到月圆时，玉兔就要在月宫里为天神捣药以示惩罚。也有传说认为玉兔是嫦娥的宠物。

的部落群体，曾一度把月亮作为神来加以崇拜。

我国最迟在商周时代，就有了对月亮的崇拜。在古人的信仰体系中，月神是作为天宗之一享受祭祀的。民间有关月亮的神话，如玉兔、蟾蜍传说，嫦娥奔月传说等，实际也是以月神信仰为基础的。

古人崇拜月亮，究其原因，大约主要在于古人们把人口的生育、食物的丰收等这些生活中最基本的需求与月亮联系在一起。例如，他们以为女人与月亮有许多显而易见的相同本性：都有怀孕和月盈的"膨胀"趋向，认为使女人怀孕的主要因素是月亮；同样，他们以为植物的种子不过是像石头一样的硬粒，是月亮的能源为它带来了生命，太阳的温暖只是促进了胚芽的成长。

古人还认定月亮同洪水、死亡和瘟疫密切关联。随着月亮信仰的发展，其具有的这些威力逐渐被人格化而成为月神或月亮女神的形象。

我国的月神从文献上一开始就以女性的姿态登场亮相。西王母、羲和、常羲、嫦娥、女娲等，都是月神的不同形象，她们的祖型可以追溯到甲骨卜辞中的西王母。

甲骨文中有"东母西母若"的句子，这"东母"与"西母"相对，分别指日神和月神。甲骨文中又有"帝于东方曰析"，"析"是东方太阳神伏羲，即东母，后来称东王公。"西母"则应是神话中闻名于世的西王母的本名。

据各种古书揭示，月亮女神是天上的光明神之一，是原始信仰中代表母性的生育，同时又是掌握死亡的阴性天神。月神与太阳神相配相对，相辅相成，太阳神主宰东方、白天、光明、春天、生长；月神则主宰西方、夜晚、黑暗、秋天、生育和死亡，月神因此是丰产、丰收的女神，又是凶神、刑神和死神。

先秦重要古籍《山海经·大荒南经》记载：

> 羲和者，帝俊之妻，生十日……帝俊妻常羲生月十二。

也就是说，羲和、常羲其实是由太阳神羲的名号读音分化出来的，虽然这里改而说成是另一太阳神帝俊的妻子，但月神的身份没变。作为母性大神，日、月俱为其所出，显现了强盛的生育力。

月神的原型都

嫦娥 本称姮娥，是我国神话人物、大羿之妻。因西汉时为避汉文帝刘恒的忌讳而改称嫦娥，又作常娥。神话中因偷食大羿自西王母处所盗得的不死药而奔月。民间多有其传说以及诗词歌赋流传。在道教中，嫦娥为月神，又称太阴星君。嫦娥也是我国古代对月亮的别称。

■ 月神

■ 女娲补天图

《风俗通》也叫《风俗通义》，东汉泰山太守应劭所著。原书有30卷、附录1卷，后来仅存10卷。该书考论典礼类《白虎通》，纠正流俗类《论衡》，记录了大量的神话异闻，但作者加上了自己的评议，从而成为研究古代风俗和鬼神崇拜的重要文献。

为女性还有另一方面的原因。甲骨文的"育"字即"后"字，初义是高母，在"但知其母，不知其父"的母系社会中，"后"被尊奉为圣母的形象，她往往与月神有连带关系。

月神的丰产、丰收的象征，与大地上的人类，土地上的庄稼，在"后"也就是"地母"的祭坛后土、灵石、社稷等上面直接地体现出来。

著名的女娲，就是一位手中拥有黄土、芦灰和五色石而身兼地母的准月神。宋代著名类书《太平御览》卷78引《风俗通》说女娲在"天地开辟，未有人民"时，"抟黄土作人"。这样，月神通过其大地母亲的身份，成为了人类的创造者。

女娲的另一件功绩就是并以天神和地祇的法力兼施，炼五色石上补苍天，积芦灰下止洪水，可谓是功绩盖世。月亮女神这种贯通天地的能力，更多的意味还在于其具有那主管死亡及死后重生的力量。

奇特的缺而又圆的月相，总会让人联想到月所具有的永生不朽的神性。我国浪漫主义诗歌总集《楚辞·天问》中有一句"月光何德，死则又育"？这就为先民们对死亡后的重生燃起了热切的希望，以为崇祀月亮女神，通过她的法力庇护，地府的生活可以得到改善，或者灵魂得以拯救、超生，由冥界重返阳世和光明。

日、月东升后终要西落，因此古人将日月的完结都视为西落，还认为西方具有吞吃光明的神秘。而按我国的地理，越是向西，地势越高，因此不管是日薄西山还是月薄西山，西山总是日月一天的归宿。

这个归宿在哪呢？《山海经·大荒西经》记载：

《楚辞·天问》

《天问》是我国最伟大的浪漫主义诗人屈原的代表作，收录于西汉刘向编辑的《楚辞》中，全诗373句，1560字，多为四言，兼有三言、五言、六言、七言，偶有八言，起伏跌宕，错落有致。全文自始至终，完全以问句构成，一口气提出173个问题，被誉为是"千古万古至奇之作"。

■ 女娲补天雕塑

> 大荒之中，有山名日月山，天枢也……日月所入。

天枢即天柱，是与天沟通的桥梁。这一通天之山最常见的名称也就是昆仑山了。

以古人的眼光来看，日入西山，是日的不得意时刻，甚至意味着日的死亡；相反，月入西山，是月的归巢，回到自己阴性的势力范围。所以，

拜月图

月明明是由东方升起，古人却说"月生于西"。我国古代典章制度书籍《礼记·祭义》记载说"祭月于西"，可见古人对月神的祭仪也是向西而拜。

昆仑山与月神西王母即存在着这种宫室与宫主的关系，因此昆仑山又有"帝之下都"、"幽都"之称。

说到月神西王母，根据《山海经·西山经》的记载，她最大的特点是"司天之五厉及五残"，东晋文学家郭璞注解说："司天之五厉及五残，主知灾厉五刑残杀之气也"，郝懿行疏："西王母主刑杀"，都证实她是操持灾害、刑杀权柄的大神，也即是凶神、死神。

不过，并非所有的月神都是掌握着生杀大权的冷面女仙，我国比较典型的月神嫦娥就是一个相对温和亲切的神仙形象。有趣的是，嫦娥的月神传说也与太阳崇拜的传说有关联。

在远古的时候，天上有十日同时出现，大羿射日，并严令最后一个太阳按时起落，为民造福。大羿的妻子名叫嫦娥，长有一张鹅蛋脸，两道柳叶眉，生

《礼记·祭义》
《祭义》是我国儒家经典"四书"之一《礼记》中的一篇文章，内容主要是祭祀时的注意事项以及要义，用了孔子举例，有"子之有深爱者必有和气，有和气者必有愉色，有愉色者必有婉容"等名言。

得十分美丽。

大羿除传艺狩猎外，终日和妻子在一起。不少志士慕名前来投师学艺，心术不正的逢蒙也混了进来。

一天，大羿到昆仑山访友求道，向王母娘娘求得了一包不死药。据说，服下此药，能即刻升天成仙。然而，大羿舍不得撇下妻子，暂时把不死药交给嫦娥珍藏，嫦娥小心地将药藏进梳妆台的百宝匣里。

有一天，大羿率众徒外出狩猎，心怀鬼胎的逢蒙假装生病，没有外出。待大羿率众人走后不久，逢蒙持剑闯入内宅后院，威逼嫦娥交出不死药。

嫦娥知道自己不是逢蒙的对手，危急之时她转身打开了百宝匣，拿出不死药一口吞了下去。嫦娥吞下药，身子立时飘离地面、冲出窗口，向天上飞去。由于嫦娥牵挂着丈夫，她便飞落到离人间最近的月亮上成了仙。

傍晚时候，大羿回到家，侍女们哭诉了白天发生的事。大羿既惊又怒，抽剑去杀恶徒，逢蒙早已逃走，大羿气得捶胸顿足，悲痛欲绝，仰望着夜空呼唤

《山海经·西山经》《西山经》是《山海经》中记述西山的篇章，后世有学者认为其中也记述了后来的东非大裂谷。大致内容是，西方第一列山系华山山系之首座山，叫作钱来山，山上有许多松树，山下有很多洗石。山中有一种野兽，形状像普通的羊却长着马的尾巴，名称是羬羊等奇闻怪事。

■ 女嫦娥奔月图

093

自然信仰◎日月风雨

祭月图

中秋节 又称月夕、秋节、仲秋节、八月节、八月会、追月节、玩月节、拜月节、女儿节或团圆节，是流行于我国的传统文化节日，时在农历八月十五；因其恰值三秋之半，就叫中秋节，也有些地方将中秋节定在农历八月十六日。

着嫦娥。这时，大羿突然发现，今晚的月亮格外皎洁明亮，而且有个晃动的身影酷似嫦娥。大羿思念妻子，便派人到嫦娥喜爱的后花园里，摆上香案，放上嫦娥平时爱吃的蜜食鲜果，遥祭在月宫里的嫦娥。

百姓们闻知嫦娥奔月成仙的消息后，便纷纷在月下摆设香案，向善良的嫦娥祈求吉祥平安。从此，中秋节拜月的风俗就在民间传开了，嫦娥也就成了著名的月神。

月亮既空荡又孤寂，虽是琼楼玉宇，高处不胜寒，所谓"嫦娥应悔偷灵药，碧海青天夜夜心"，正是她倍感孤寂之心情的写照，月亮也有了"广寒宫"的代称。

据说嫦娥向大羿诉苦说："平时我没法下来，但是在月圆的时候，你用面粉作丸，团团如圆月形状，放在屋子的西北方向，然后再连续呼唤我的名字。到三更时分，我就可以回家来了。"

后来，大羿照妻子的吩咐去做，届时嫦娥果然由月中飞来，夫妻重圆，中秋节做月饼供嫦娥的风俗，也是由此形成。中秋节祭月祭嫦娥，是世人渴望美好团圆，渴望幸福生活的情感流露。

我国的月神诸如上述西王母、嫦娥、女娲，以及此外的嫘祖、华胥、附宝、纤阿、女魃等等，可以举出一大串，她们同质而异形、同体而异事，或缘于神话起源的不同，或缘于神话传布的流变，其千头万绪，杂然纷呈，蔚成我国远古月亮女神信仰中的一道神秘的色彩。

对月亮的崇拜根深蒂固，因此作为月神化身之一的西王母也和我国"四象"之一的神兽白虎有着密切关系。

说起来，关于我国月亮神话是太阴，西方，圣山，神虎，分别代表着性别、方位、居所和形象。神虎说的就是神兽白虎。

月亮别名是太阴，即大阴。王者大也，母者阴也，所以王母义同太阴，本来就是月神的名号。西方主阴，月属大阴，因此是王母的归宿。《山

月饼 是汉族人民所喜爱吃的传统节日特色食品。据说中秋节吃月饼的习俗于唐代。北宋之时，该种饼被称为"宫饼"，在宫廷内流行，但也流传到民间，当时俗称"小饼"和"月团"。发展至明代则成为全民共同的饮食习俗。

■ 嫦娥像

■ 西王母像

心灵之依◎民间宗教与民间信仰

南朝 我国东晋之后建立于南方的4个朝代的总称，它们是：宋、齐、梁、陈。南朝存在的时间都相对较短，其中最长的不过59年，最短的仅有23年，是我国历史上朝代更迭较快的一段时间。在我国历史上，南朝与北魏、东魏、西魏、北齐、北周并称南北朝。

海经·大荒西经》中记载着"西有王母之山"，《山海经·西山经》中也有"西三百五十里曰玉山，是西王母所居也"。

白虎也和西方的关系很紧密，因为在"四象"中，白虎就有是代表西方的灵兽，因西方属金，色白，所以叫白虎，代表的季节是秋季。

西王母的一个本相是虎形，也就是说，月神与老虎有形神上的粘连，这是我国远古月亮崇拜最值得注意的特征之一。晚至南朝梁代诗人刘孝绰《望月有所思》句中仍有"金虎西南昃"的讲法，这种宣称月亮为金虎的观念就是遗痕。

西王母的容貌，《山海经》形容她"穴处"于昆仑之丘，"人面虎身，有文有尾，皆白"，"虎齿"、"善啸"，是一只人面的白色的神虎。

在动物中，虎是会主动袭击人并且吃人的少数肉食动物之一，商代青铜器有"虎食人"卣，体现了虎的这一强者的威势。

我国先民认为，人死犹如进入了鬼门关，转入阴间地府，人鬼殊域，黑白两道，其间有一条生死鸿沟，西王母"司天之五厉及五残"，正是操此权柄的凶神、死神。

我国有句俚言叫作"虎落平川被犬欺"，老虎是离不开山林的，它靠山吃山，因而有山大王之称。山林是阴间鬼魅的大本营，虎不仅食人，它又是食鬼的。它的这一吃人镇鬼的能力的圣化，构筑了它的山神神位。

西王母作为掌握刑杀大权的月神，与此神格重叠，于是毫不奇怪，山神之王者"母大虫"白虎，也就成为月神西王母的化身之一了。

我国早有"四象"或"四灵"的说法，而把神虎安排在西方，其历史之邈远，从西水坡遗址出土的新石器时代的蚌塑龙虎可知大概。

在约有6500年历史的西水坡遗址的墓圹中，墓主人头南脚北，东侧和西侧分别有白色蚌壳摆塑的龙、虎。如此规整的安排，绝不会是一种巧合，它足以证实早在新石器时期，"四象"的东龙西虎观念就已经形成了。

神虎之所以置于西首，这主要是与"月生于西"、月主西方及月掌生死等前述的古老信仰相关；虎同月的融合，才能确定虎踞西方的神位。

西水坡的蚌虎在墓主的西侧，说明虎已被认为是西方的主

四象 古人把东、北、西、南四方每一方的七宿想象为4种动物形象，叫作四象。四象在我国传统文化中指青龙、白虎、朱雀、玄武，分别代表东西南北4个方向，源于我国古代的星宿信仰。在二十八宿中，四象用来划分天上的星星。

■ 西王母雕塑

心灵之依◎民间宗教与民间信仰

■ 彩绘开明神兽

神，这正是月神的神格，它代表的是冥界的权威；同样，如果联系良渚文化和大汶口文化的月神徽记，它们都铭刻在下葬的祭器和冥器上面，同样具有护身符及重生等祈愿含义。

这些墓葬中崇虎拜月的仪式，是同那时先民的原始信仰的需求相契合的，它们证明了在约7000年以前，甚至早在文字出现以前，我国就已经存在着一个月亮崇拜的宗教神话系统。

这样看来，我国的月神又不止有5000年的历史。按其逻辑的发展，必先有月神崇拜，才后有虎处西位，后有"四象"，后有二十八星宿等等。

西方之位，圣山之穴，正是月神发威的世界。这就是为什么与西王母同格异名异事的月神女娲，古书说她籍贯为涂山氏，嫘祖则为西陵氏，其间是有深刻意思的。

所谓涂山的"途"同"菟"，是虎的古名，"涂山"就是虎山。西陵，指的是西山，也就是月亮山。我国月神和圣山在神话学上很常见，但月神与虎的结合则不多见。

我国古代的镇墓兽，它的鼻祖就是开明虎。据古籍《山海经·海内西经》记载说：

昆仑南渊深三百仞。开明兽身大类虎而九首，皆人面，东向立昆仑上。

开明神兽人面虎身，头东尾西，驻守在

地狱之山兼通天之山，即昆仑山的上面。

月亮崇拜为我国文化带来的不只是传说和崇拜，还有对人生的思考以及对宇宙的想象。一轮明月，寄托了无数人的喜怒忧愁。在这方面，唐代诗人张若虚的《春江花月夜》可说是首屈一指的咏月诗。

此诗共36句，每4句一换韵，以富有生活气息的清丽之笔，创造性地再现了江南春夜的景色：

■ 古代的天象图

春江潮水连海平，海上明月共潮生。
滟滟随波千万里，何处春江无月明。

春天的江潮水势浩荡，与大海连成一片，一轮明月从海上升起，好像与潮水一起涌出来。月光照耀着春江，随着波浪闪耀千万里，如此皎洁而独特的月亮，想必任何一条春江都被洒下了明亮的月光吧！

江流宛转绕芳甸，
月照花林皆似霰。
空里流霜不觉飞，
汀上白沙看不见。

镇墓兽 楚墓中常见的随葬器物，也是楚漆器中造型独特的器物之一种。此种器物外形抽象，构思谲诡奇特，形象恐怖怪诞，具有强烈的神秘意味和浓厚的巫术神话色彩。出土的镇墓兽大部分为战国时期文物，以战国中期为多。

江水曲曲折折地绕着花草丛生的原野流淌，月光照射着开遍鲜花的树林，好像细密的雪珠在闪烁。月色如霜，所以霜飞时也无从觉察了。洲上的白沙和月色融合在一起，看不分明。

江天一色无纤尘，
皎皎空中孤月轮。
江畔何人初见月？
江月何年初照人？

江水、天空成一色，没有一点微小灰尘，明亮的天空中只有一轮孤月高悬空中。谁是那个在江边上第一个看见月亮的人，又是从哪一年开始，江上的月亮照耀着人呢？

人生代代无穷已，江月年年望相似。
不知江月待何人，但见长江送流水。

人生一代代地无穷无尽，但江上的月亮一年年地总是相像，丝毫不受时间影响。不知江上的月亮如此寂寞，是否在等待着什么人，却只见江水滚滚流去，似乎未曾停息过。

白云一片去悠悠，青枫浦上不胜愁。
谁家今夜扁舟子？何处相思明月楼？

游子像一片白云缓缓地离去，只剩下思妇站在离别的青枫浦不胜

春江花月夜诗意画

忧愁。哪家的游子今夜在坐着小船漂泊？想必世间的某一处，也会有人在明月照耀的楼上，和我一样挂念着故人吧？

> 可怜楼上月徘徊，应照离人妆镜台。
> 玉户帘中卷不去，捣衣砧上拂还来。

明月皎洁，月色令人流连，也照在了离人的梳妆台上。月光又照进思妇的门帘，卷不走，照在她的捣衣砧上，拂不掉。

自然信仰 ◎ 日月风雨

> 此时相望不相闻，
> 愿逐月华流照君。
> 鸿雁长飞光不度，
> 鱼龙潜跃水成文。

■ 谪仙玩月图

这时的你我也许都在望着月亮，虽听不到声音，但是想到你我相隔两地，却都能沐浴到月光，就觉得心安。鸿雁不停飞翔，却飞不出无边的月光；月照江面，鱼龙跳跃，激起阵阵波纹。

> 昨夜闲潭梦落花，可怜春半不还家。
> 江水流春去欲尽，江潭落月复西斜。

昨天夜里梦见花落闲潭，让我恍然忆

起家中的美景，可惜的是春天过了一半自己还不能回家。江水带着春光将要流尽，水潭上的月亮也又要西落。

斜月沉沉藏海雾，碣石潇湘无限路。

不知乘月几人归，落月摇情满江树。

斜月慢慢下沉，藏在海雾里，碣石与潇湘的离人距离无限遥远。不知有几人能趁着月光回家，唯有那西落的月亮摇荡着离情，洒满了江边的树林。

作者张若虚抓住扬州南郊曲江或更南的扬子江一带月下夜景中最动人的5种事物：春、江、花、月、夜，语言清新优美，韵律宛转悠扬，给人以澄澈空明、清丽自然的感觉，也透着作者对生活美好的向往。一千多年来，这首《春江花月夜》使无数读者为之倾倒。

心灵之依◎民间宗教与民间信仰

阅读链接

传说在很久以前，大羿到山中狩猎的时候，在一棵月桂树下遇到嫦娥，二人便以月桂树为媒，结为夫妻。到了帝尧的时代，天上出现了10个太阳，烧焦了庄稼，烤死了草木，人民没有了食物，妖魔鬼怪也开始危害百姓。于是帝尧命令大羿射掉天上多余的太阳，杀死了妖魔鬼怪。于是，万民欢喜。

后来，嫦娥向往天上的生活，就偷吃了仙药离开丈夫飞升而去。由于羞于面对丈夫，嫦娥从此不敢在人间露面，因此渐渐成为月神。

风伯雨师寄愿风调雨顺

风伯又称箕伯，名字叫飞廉，是蚩尤的师弟。风伯相貌奇特，长着鹿一样的身体，布满了豹子一样的花纹。头像孔雀的头，头上的角峥嵘古怪，有一条蛇一样的尾巴。曾与蚩尤一起拜一真道人为师傅，在祁山修炼。传说，飞廉在修炼的时候，发现对面山上有块大石，每遇风雨来时便飞起如燕，等天放晴时，又安伏在原处。飞廉不由得暗

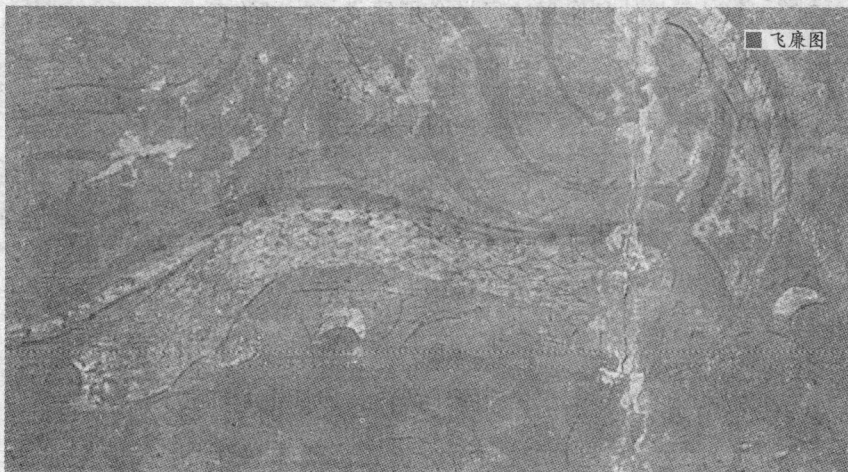

■ 飞廉图

心灵之依 ◎ 民间宗教与民间信仰

■ 蚩尤画像

郦道元（约470年～527年），字善长，我国北朝时期的北魏地理学家、散文家。郦道元博览奇书，幼时曾随父亲到山东访求水道，后又游历秦岭、淮河以北和长城以南广大地区，考察河道沟渠，搜集有关的风土民情、历史故事、神话传说，撰《水经注》四十卷。

暗称奇，于是就留心观察起来。

有一天半夜里，只见这块大石动了起来，转眼变成一个形同布囊的无足活物，往地上深吸两口气，仰天喷出，顿时，狂风骤发，飞沙走石。这玩意儿又似飞翔的燕子一样，在大风中飞旋。

飞廉身手敏捷，一跃而上，将它逮住，这才知道它就是通五运气候，掌八风消息的"风母"。于是，他从风母这里学会了致风、收风的奇术。

风伯的职责，就是"掌八风消息，通五运之气候"。风是气候的主要因素，事关济时育物。

上古传说，蚩尤和黄帝部落展开的那场恶战，传说蚩尤请来了风伯、雨师施展法术，突然间风雨大作，使黄帝部众迷失了方向。

黄帝布下出奇制胜的阵势，又利用了风后所制造的指南车，辨别了风向，才把蚩尤打败。

蚩尤被黄帝降伏后，就乖乖地做了掌管风的神灵。风伯作为玉皇大帝出巡的先锋，负责打扫路上的一切障碍。

每当玉皇大帝出巡，总是雷神开路，雨师洒水，风伯扫地。风伯的主要职责，就是掌管八面来风的消息，运通四时的节日气候。

最早的风神，被称为箕星或箕伯。但在楚地，则自古以鹿身雀头的神秘怪兽飞廉为风伯，我国北魏地理学家郦道元综合性地理著作《水经注》称，飞廉以善于行走而为纣王效力，周武王击败了纣王，飞廉殉国自杀。玉皇大帝为他的忠诚感动，用石棺掩埋他，并使他成为风神。

春秋战国以后，风神信仰逐渐统一，中原一带信仰的风神为星宿；南方一带信仰的风神，则为鸟形或带有羽翼的飞廉。

秦汉以后，道教吸收了风伯信仰，列风神入神系，将两者信仰进行统一。如古籍《云笈七義》称风神名吒，号长育。吒是说明风的特征，长育是指风吹拂大地，化生生物。

对风伯的奉祀，秦汉时就已经列入了国家祀典。记述唐代各项典章制度沿革变迁的史书《唐会要》称，奉祀风伯，升入中祀，并且要

《水经注》 北魏地理学家郦道元所著。全书30多万字，详细介绍了我国境内1000多条河流以及与这些河流相关的郡县、城市、物产、风俗、传说、历史等。《水经注》还记录了不少碑刻墨迹和渔歌民谣，是我国古代较完整的一部以记载河道水系为主的综合性地理著作。

■ 风神壁画

风神雕塑

"诸郡各置一坛"，与王一起同祀。

道教宫观中也有设殿供奉风伯雨师、雷公电母的，其风伯塑像常作一白发老人，左手持轮，右手执扇，作扇轮子状，称风伯方天君。

风伯神诞之日为农历十月初五日。普通道教徒在其生存和职业同风有密切关系者，才单独奉祀风伯。一般道教徒只是在大型斋醮法会时才供奉风伯。

唐以后，因风伯的主要职能是配合雷神、雨神帮助万物生长，所以受到历代君主的虔诚祭祀。然而，风伯也常以飓风过境毁坏屋舍伤害人命，形成自然灾害，因此被视为凶神。

民间传说中，常以女性形象出现的风神"封姨"，就主要体现了风对植物生长的危害。

清雍正皇帝信奉佛教，由于思想局限的关系，他并不知道风是一种自然现象，而是觉得风灾是因神灵作祟。雍正帝曾经颁旨，命钦天监大臣勘测吉地，在皇宫的东侧建设一座风神庙，正名叫宣仁庙，供奉风神，祈求神灵保佑，使国家和皇宫免遭风灾。

宣仁庙坐落在北京北池子大街2号、4号，庙门坐

钦天监 也叫司天台，是我国古代的官署名。钦天监负责观察天象，推算节气，制定历法。由于历法关系农时，加上古人相信天象改变和人事变更直接对应，钦天监的地位十分重要。

东朝西，中轴线殿宇均坐北朝南。主要建筑有山门、钟鼓楼、前殿、正殿、后殿和东西配殿，庙内前殿祀风伯，后殿祀八风神，俗称风神庙，其规制仿照中南海的时应宫，原庙内有清雍正皇帝御书的"协和昭泰"匾额。

佛教界认为，在天界的风神是主管风的，因此，遇有不测风云时，皇帝要亲自至此，焚香拜佛，有时派皇子皇孙们以及大臣们前来敬香。

由于这座寺庙离皇宫较近，早年一些大臣为了上朝方便，也常借此留宿、吃斋，并给寺庙施舍。久而久之，一些大臣也深知风灾的厉害，在治理国事时，分外注意防御风灾。

因宣仁庙建在故宫附近，有人将其与凝和庙、普度寺、真武庙、昭显庙、万寿兴隆寺、静默寺和福佑寺统称为"故宫外八庙"。

匾额 古建筑的必然组成部分，相当于古建筑的眼睛，把我国古老文化流传中的辞赋诗文、书法篆刻、建筑艺术融为一体，集字、印、雕、色的大成，以凝练的诗文、精湛的书法、深远的寓意、指点江山，评述人物，是我国独特的民俗文化精品。

自然信仰 ◎ 日月风雨

■ 宣仁庙

■ 雨师石像

心灵之依◎民间宗教与民间信仰

白虎 我国古代传说中的四大神兽之一，传说白虎具有避邪、禳灾、祈丰及惩恶扬善、发财致富、喜结良缘等多种神力。白虎象征着威武和军队，也是战神。根据五行学说，它是代表西方的灵兽，因西方属金，色白，所以叫白虎，代表的季节是秋季。

此外，在山东、江苏等地的汉画像中，均可见到力士鼓唇吹气的形象，这一形象就是汉代人塑造的风神风伯。风伯或出现于雷电云雨之神出行的队列中，或张口弄舌地吹掀屋顶，或与箕星为伴驰骋于月夜星空。

通过对诸类图像的分析可以看出，汉代风伯神话是在先秦流行的箕星信仰与飞廉崇拜的基础上，发展、演变而来的。而风伯画像作为汉代丧葬艺术的有机组成部分，又承载着佑助墓主灵魂升仙的宗教功能。

雨师，道教俗神，也叫萍翳、玄冥等。传说掌管雨的神源于我国古代神话，认为是毕星，即西方白虎七宿的第五宿，共有8颗星，属金牛座。后有雨师为商羊或赤松子二说。

雨神亦称雨师，其信仰与风神一样，起源甚古。关于雨师的神话传说，最早源于对雨水的自然崇拜。

神话中的掌管雨的神仙，有做屏翳，也叫号屏，又叫玄冥。他其实就是赤松子，传说是炎帝神农氏时施雨的雨师。

赤松子有一种能随着风雨飘来飘下的本领，曾做过炎帝神农氏的雨师，后来从西天母那里得了什么不死药之类的东西，能入火自焚，随风雨而上下。成了

仙，上了天，赤松子还娶了炎帝的小女儿为妻。直到
高辛氏的时候，赤松子才想起自己的职责，又回到人
间做雨师。

相传远古时代，人民以采集和渔猎为生，一日无
获，就得挨饿，日子过得很艰难。后来，神农氏用木
制作耒、耜，教大家种植谷，秋收冬藏，生活才有所
好转。于是神农氏被众人举为首领。

年复一年，一场罕见的旱灾降临了，一连数月，
天上没有一滴雨降落，田里的禾黍全都要枯萎了。旱
情最重的地方，川竭山崩，皆成沙碛，连人畜都要渴
死了，更别说汲水浇地了。

神农氏头发快愁白时，这时，不知从哪儿跑来一
位蓬头跣足、形容古怪的野人，上披草领，下系皮
裙，手里还拿根柳枝。野人对他说："我叫赤松子，
曾经跟随师傅赤道人在昆
仑山西王母石室中修炼多
年。赤道人常化飞龙，南
游衡岳，我也化为赤虬，
跟在他身后，还学会布雨
的本领。"

神农氏闻之心喜，便
让他马上显示一下。但见
赤松子取出一种叫"冰玉
散"的粉末吞下，化为了
一条赤龙，飞上了天空。

霎时间，天上乌云

神农 远古传说
中的太阳神，被
世人尊称为"药
王"、"五谷王"、
"五谷先帝"、
"神农大帝"、
"地皇"等。华
夏太古"三皇"
之一，传说中的
农业和医药的发
明者。他遍尝百
草，有"神农尝
百草"的传说，
教人医疗与农
耕，掌管医药及
农业的神祇。

■ 雨师塑像

■ 神农采药图

冰玉散 关于赤松子服水玉一事，文献中记载中多有不同。《山海经·南山经》注中说赤松子所服食的水玉就是水晶，《搜神记》则称为水玉散，葛洪《抱朴子》则说赤松子服食的是神丹，并有赤松子丹法传世。《丹台录》则称赤松子为昆林仙伯，辖辖南岳山，可化玉为水而服。

密布，一场倾盆大雨兜头浇下来了，眼看就要枯死的庄稼，又恢复了郁郁生机。神农氏大喜，立封赤松子为雨师，专管布雨施霖的事。

神农氏成仙后，黄帝继任首领，九黎的头领蚩尤不服，兴兵作乱。连赤松子也投奔了过去。等黄帝率领众部落与蚩尤大战与涿鹿之野时，赤松子化为一条虬龙，飞廉变成一只小鹿，一道施起法术。刹那间，天昏地暗，走石飞沙，暴雨狂风，一起袭来。

黄帝和他的部下在一片混沌中，连东南西北也辨认不出，怎能作战？蚩尤趁机发动进攻，杀得对方丢盔弃甲。就这样，蚩尤依仗飞廉和赤松子能征风召雨的优势，九战九胜黄帝，迫使黄帝连连后撤，一直退到泰山。

黄帝在泰山会集群臣，商讨了三天三夜后，终于设计出两个破敌法宝，即司南车和牛皮鼓。

司南车有两层，共28个轮子，车上有一个手指前方的木刻人。车轮滚动时，牛皮鼓一共80面，一起鼓响，据说声音可以响彻1000多千米。于是，黄帝与蚩尤再次展开了决战。

蚩尤仍使飞廉和赤松子呼风唤雨，炊烟喷雾。

这一次，黄帝靠着司南车，始终不迷失方向，坚持战斗，紧接着大臣容成等人，率人擂起牛皮鼓来。顿时惊天动地，裂石崩云，吓得飞廉和赤松子魂飞魄散，赶紧还原凶横本相，跟着蚩尤一块儿逃窜。

黄帝挥师追击，一直追到涿鹿，终获全胜，还活捉了赤松子和飞廉。因为这两个人都是降伏，黄帝仍叫赤松子当雨师，又封飞廉为风伯，要他们改恶向善，从此为民造福。

黄帝之后，世间就再有没人能管得住风伯雨师了，于是对他们的祭拜，被列入国家的祀典，目的仍在于祝祷风调雨顺，五谷丰登，保佑平安。这两位尊神的丑陋容貌，也变成了一位清秀童子伴随着一位长须官人，象征雨随风至，风止雨歇。

雨师的奉祀，秦汉时已列入国家的祀典。据《唐会要》称，奉祀雨师，升入中祀，并且要"诸郡各置一坛"，与王同祀。

司南车 又称指南车，是我国古代用来指示方向的一种机械装置，也作为帝王的仪仗车辆。指南车是我国古代的重要发明之一，也是我国"四大发明"中指南针的前身。

■黄帝大战蚩尤壁画

■ 雨师雕塑

道教宫观也有设殿供奉风伯雨师、雷公电母者。其雨师之塑像常作一乌髯壮汉，左手执盂，内盛一龙，右手若洒水状，称雨师陈天君。雨师之神诞日为十一月二十日。

由于近代雨师的崇拜逐渐为龙王崇拜所取代，因此后来专门奉祀雨师的祭典已不多见。只是在道教大型斋醮仪礼上，设置雨师的神位，随众神受拜。后来雨师被道教纳入神系，或云为龙，或云为商羊，或云为赤松子。

民间对雨师亦有自己的看法，汉人以玄冥为雨师。因玄冥是古代五行官中的水官，水与雨相通，因此被称为雨师。

此外，还有以萍翳为雨师的。在我国训诂学汇编《广雅·释天》之中，就将雨师谓之萍翳，又称为屏翳。西汉辞赋家司马相如《大人赋》有"召屏翳，诛风伯，刑雨师"之说，"建安文学"代表人物之一的文学家曹植的《洛神赋》中，也有"屏翳收风，川后静波"之语。

唐代时，古人还以李靖为雨师。古代地方志《山西通志》里的风雨神庙在翌城四望村，其神是唐卫公

雷公 又称雷神或雷师，我国古代神话传说中的司雷之神。雷公的形象一开始像猪，也有像猴的。后来就成了袒胸露腹的大力士形象，背插双翅，额生三目，左手执楔，右手持锥。民间传说雷公能辨人间善恶，代天执法，击杀有罪之人，主持正义。

李靖。这大概源于古籍《唐逸史》中卫国公李靖行雨的故事。

在李靖还未成为将领，被封卫国公的时候，曾经到灵山中打猎，吃住都在山中人家那里。山村里的老人们很喜欢李靖的正直诚恳，常常给他一些丰厚的馈赠，年头越久，山中老人的馈赠也随着增多，李靖默默地将这份恩情记在了心里。

有一天，李靖在林中打猎时忽然遇上了一群野鹿，就赶忙去追赶。可是那群野鹿跑得很快，李靖一直追到天黑也没有成功捕猎到，又舍不得放弃。就这样，随着天色渐浓，李靖忽然发现自己早已在山林中迷了路。

李靖看着阴暗的天色和了无人烟的荒山，心里非常沉闷。茫茫然不知何处是归路的李靖只好硬着头皮骑马乱走，忽然看见远处有灯火之光，他就赶快策马奔过去查看。

凑过去后，李靖高兴地发现那竟是一户人家，而且门面装饰得十分气派。高大的红漆门紧紧关闭着，墙宇也很高峻。李靖于是上前敲门，叩门叩了好半天，才有一个长得眉清目秀的小杂役出来应门。

小杂役看见李靖后吃了

《广雅·释天》
《释天》是《广雅》中的第九卷上。《广雅》是我国最早的一部百科词典兼训诂学汇编，共收字18150个，是仿照《尔雅》体裁编纂的，相当于《尔雅》的续篇，篇目也分为19类，各篇的名称、顺序，说解的方式以致全书的体例，都和《尔雅》相同，甚至有些条目的顺序也与《尔雅》相同。

113

自然信仰 ◎ 日月风雨

■ 李靖彩像

■ 唐卫国公李靖雕塑

士大夫 古时做官吏或较有声望、地位的知识分子。在中世纪，我国所独有的人事体制为通过竞争性考试选拔官吏，因而形成了一个特殊的士大夫阶层，即专门为做官而读书考试的知识分子阶层。士大夫出现于战国，在我国历史上形成一个特殊的集团。

一惊，问他说："你是谁？来这干什么？"

李靖于是请求说："我是寄居在附近村民家的过客，因为今晚追踪野鹿而在打猎时迷失了道路，因此想向你家主人求宿一晚。"

小杂役皱眉说："我家郎君出去了，只有太夫人在家，恐怕男子留宿是不行的。"

李靖赶紧又说："麻烦你进去说明一下我的情况，请问尊夫人一下，试试也许就有希望发吧！"

小杂役听完后关上门去禀告，过了一会又回来说："太夫人起先不想答应，但是因为天气阴黑，你又说迷了路，就不能不留你了。你进来吧。"

李靖被小杂役带进客厅后闲坐着。过了一会儿，一位青衣婢女出来说："太夫人来了。"

李靖抬头一看，那位太夫人年纪约有50多岁，面如满月，神色沉稳，虽然穿的是简单的青裙素袄，却有清爽淡雅的气质，宛如士大夫的家眷。

李靖上前拜见，太夫人答拜说："两个儿子都不在家，本来我不该留您住宿，但是今晚天色阴晦，您又迷失归路，如果我这儿不留您，您又该怎么办呢？

虽说留下了您，但是我们这儿是山野人家，我的两个儿子回来时，也许是半夜，而且还喧哗吵闹、大吵大叫，希望先生您不要介意。"

李靖连忙回答："夫人客气了，李靖原本是投荒之人，承蒙夫人您收留，实在是感激不尽，打扰了夫人你的清居，还望包涵。"

接着，夫人就请李靖吃饭。李靖发现饭菜虽然都很鲜美，但是多半是鱼。

吃完饭，太夫人回房了，有两个青衣的婢女给李靖送来了麻席被褥，铺好床铺后闭门而去。

李靖发现房中所有东西的做工和用料都非常的讲究，而且都带香味，显得富丽奢华。他在心里暗自想：在荒山野岭之中居然有如此奢侈的豪宅大户，这实在是太怪异了。何况那位太夫人还说起两个儿子很吵闹，难道他们一家是妖异？

这个念头一旦产生就挥之不去了。李靖越想越怕，坐立不安，但最终还是没扛住一天的疲倦，倒在床上沉沉地睡着了。可是到了半夜

李靖故居

心灵之依 ◎ 民间宗教与民间信仰

■ 雨师和雷部诸神壁画

太夫人 古代对女性的尊称之一，从汉代开始设置，列侯之母称为太夫人。后来凡是官僚、豪绅的母亲不论在世与否，均称太夫人。其官职，在家中也是最大的。宋政和年间曾规定："以'太'字作为对生者的尊称，令凡追封者皆去'太'字"。

子时，李靖被一阵急促又猛烈的敲门声吵醒了。

李靖屏气凝神，静静地侧耳倾听，他听见有个说话口音很怪异的人尖声尖气地说："今晚我是来送天符的。报告你府上的大少爷一声，再过一会就该行雨了。围着这座山周围700里的地方，五更天下足，速度既不要迟慢，也不要暴厉。"

接着，响起了太夫人温和的声音："我这两个犬子全都不在，这天符又事关重大，不能推迟，您可有什么办法吗？"

尖声尖气的人说："这个可就说不好了。延误了天符可是重罪，太夫人如果真的另有所托，切记不要让不可信任的人去侍弄天符啊。"

一阵迟缓的关门声后，李靖又听见太夫人叹气说："那两个孩子都还没回来，天符的时辰也不能耽误，可是你们这些仆从都是不能使用天符的身份，该怎么办呢？"

有一个婢女的声音说："太夫人不必苦恼，我看今晚来此留宿的那位客人眉宇间有一股神气，他能找到府上虽说是误打误撞，但是看他言行举止想必也不是普通的凡人，太夫人何不让那位客人暂且担当天符之职呢？"

太夫人沉默了一会说："也好，那你们去把那位客人请出来吧。"

李靖连忙趴到床上装睡，随即就被进房查看的侍女叫醒了。他穿戴整齐走出房门，看见太夫人手中握着一道金光四溢的符咒。

太夫人轻声对李靖说："事到如今也不该瞒着您了，我们这里不是凡人居住的地方，是龙宫的人间所在。我的两个儿子，其中一个去送他妹子出嫁，另一个到洞庭湖去参加宴席了，都没有回来。可是我们龙

符咒 我国道教中被认为具有神力一种除魔降妖、祈愿祝福工具。灵符的类别繁多，大致可分为祈福开运符、镇宅符、护身平安符、催财符、情缘符、姻缘符、人缘符、化然符、解降符、斩鬼符、安胎符、化骨符、止痛符等，使用方法有烧、贴、藏、带、洗、食等。

自然信仰◎日月风雨

■ 风调神塑像

神仙图

心灵之依 ◎ 民间宗教与民间信仰

龙宫 我国古代神话传说中龙王在海底的住所。龙王是我国神话传说中在水里统领水族的王，掌管兴云降雨，为人间解除炎热和烦恼，是我国古代非常受敬重的神灵。传说共有东海敖广、西海敖钦、南海敖润、北海敖顺这4个以海洋为区分的四海龙王。

族是有使命在身的。今晚天宫有急令要求降雨，去报告来不及，求别人代替也没有好的人选，降雨又是关乎人间生息的大事，因此想请您帮忙代劳，不知可否？"

李靖受宠若惊，跪拜在地上说："我是一个凡夫俗子，没有乘云驾雾的本领，也没有能与天地同寿的福气，真是没想到能进入龙宫，得见龙颜，您有什么吩咐我都会照办！只是我无法腾云驾雾，也不知任何法术符咒，该怎么帮您呢？"

太夫人点头微笑着说："您只要牢记我的话就行了。如果能照我的话去做，没有不行的。"随后，太夫人就命人捧来一杯酒，对他说，"用天符降雨时会受寒气，这酒可以抵御风雷，且可壮胆，您喝了就会好些。"

李靖接过酒杯一饮而尽，只觉得香味扑鼻，顿时神清气爽，困倦和疲惫一扫而空。

太夫人又命一个老仆人牵了一匹青骢马过来。李靖仔细地打量一下，发现那匹马十分高大，毛色也与凡马不同。

太夫人对李靖说："这是我府上的龙马，只要你牢牢地坐好，就不会跌下来。您骑马的时候，千万不要勒马的衔勒，它想往哪去就让它随便走。马鞍上的金色小瓶中注满清水，那就是施雨的法器叫水母。乘上马行进的时候，您只要看到龙马跳跃，就用小金匙从瓶中舀一滴水滴在马鬃上，记住，只用一滴水，千万不可多，更不能少。行雨完毕后，龙马自会回来，不必顾虑。"

李靖一一答应，随即出门上马，龙马走了几步，便腾起空中，御风而驰，十分平稳，而且渐行渐高，不知不觉已来到云层之上。李靖只觉耳边呼呼生风，风急如箭飞，暴雷脚下响。

但是李靖毫不畏惧，依着太夫人的语言，凡遇龙马跳跃之处，就用金匙舀水一滴滴在马鬃上。不知道过了多久，天已将亮，来到一处后，龙马又跳跃起来。闪电大作，乌云拨开，李靖低头看去，发现居然

法器 又称为佛器、佛具、法具或道具。凡是在佛教寺院内，所有庄严佛坛，以及用于祈请、修法、供养、法会等各类佛事的器具都可称之为法器。法器如果以用途来区分，一般大约可分为庄严具、供佛器、报时器、容置器、携行器及密教法器等6种。

■ 《八十七神仙卷》局部

■ 雷公和电母塑像

心灵之依◎民间宗教与民间信仰

作揖 拱手，也称"拱"或"拱作"，是我国古人的交际礼节，在上古时已有此俗。在古代，作揖礼有左手握右手为"吉拜"、相反则为"凶拜"的说法。这可能与古人的认识有关，他们习惯于用右手攻击他人，而左手抱住右手则是行礼者向对方的友好表示。

是自己寄居的村庄。

李靖想："我打扰这个村太多了，要感谢他们的大恩大德，正愁没办法报答。再说曾亲眼看到这里田地干枯，庄稼苗将旱死，这一滴水怎能救得干旱？既然行雨权在我手里，我为什么不广施恩泽呢？"于是，李靖一口气连续滴下20多滴。

不久，龙马停止了跳跃，带着李靖回府了。但李靖进门一看，太夫人正满面愁云地坐在客厅，看见李靖，她厉声斥问道："我看你这凡人眉目清朗，不是轻狂之徒才信任你，你为何肆意胡来呢？本该有一滴雨的地方，怎么弄下了20多滴？这瓶中的一滴水虽少，降到人间却是一尺雨的雨量啊！你滴了20多滴之后，那个地方的平地水深两丈，田野被淹，房屋倒塌，老百姓深受水灾之苦，这都是被你害的呀！"

李靖既惭愧又害怕，不知如何是好，就结结巴巴地将自己心中的想法说了出来。

太夫人注视着他，长叹一口气后又说："原来您毕竟是善人，想着的是要报恩。凡人不懂得云雨的变化，我也没有说个明白，因此实在也不该怨恨您什么。只怕一会有上仙们前来问罪，您就要吃苦了，还是赶紧离开吧。"

李靖愧疚地再三道歉告辞，等他快走到门口时，太夫人又叫住他说："您毕竟来到府上一趟也帮了忙，我没有什么可报答的，一般的礼物凡人也用不到，因此决定送您个聪明伶俐的小奴供差遣。"

随后，太夫人招招手说："这两个人，您挑一个带走也可以，两个都要也可以。"马上就有两名仆人走了出来。这两个人，一个从东廊下走出来，仪表容貌和悦可亲；一个从西廊下走出来，愤气勃然，怒目而立。

李靖心里想，我是一个打猎的，不怕斗猛之事。现在只领一奴，要是领那个笑脸的，人家就会以为我胆小。于是他说："两个都领却不敢，夫人既然相赠，我就领这个生气的吧。"

太夫人若有所思地点点头说："看来您的运气也就是这样了。"

■ 年画风调雨顺

于是就作揖与他挥手告别。李靖带着仆人出了门才走了几步,回头一看,豪宅全都不见了。

李靖又扭头去问仆人,但仆人也不见了。他只好独自寻路而归。等到天明时,李靖望一眼那个小村,已是汪然一片大水。大树只露出了树梢,不再有人。后来,李靖凭借作战的功绩,居然当了大官,指挥军队平定了贼寇之难,立下了盖世的大功。但是他始终没达到宰相这个职位。

人们都说"关东出相,关西出将",那两个小奴一个从东廊出来、一个从西廊出,就是暗喻将相。如果当初李靖把两个小奴都领走,那就可能是既做将又做相,位极人臣了。这个传说虽然久远,但足以看出作为一个农业大国,民间对于作物生长过程中必不可少的降水的重视。

总之,古人对风伯雨师的信仰,体现了当时的人们盼望风调雨顺、民富年丰的美好愿望。

阅读链接

传说风伯本来没有随身携带的那个风袋,那个袋子是他偶然捡到的。在很久很久以前,雷神和雨神都有着自己的神器,只有风伯没有,每次施法都要竭尽全力,十分辛苦。有人劝风伯为自己找一件神器施法,但风伯始终找不见自己心仪的神器。如果把风放在罐子里,恐怕就太沉重了;但要是把风存在手心里,风又会从手指缝中流泻而出,为人间造成大灾难。

最后,风伯偶然捡到了一个布口袋,就把风装了进去,又把袋口绑得紧紧的。结果,那个布袋十分好用,从此就成了风伯不离身的神器。

三方福神

神仙信仰主要是神仙的事迹，这种信仰源始于远古。在山河阻隔的天地里，人们一方面塑造了自己的神，同时也不断被输入外来神。我国古代的神仙信仰，主要包括文武财神、碧霞元君和灶王爷等，可以称之为我国民间神仙信仰的三方福神。

神仙信仰是我国最古老、最根本的信仰。它实际上是一些自然神的综合，包括日月星辰、山川湖海、风雨雷电，这都是人类最初的神，充分表现着我国造神的丰富性。所供的神灵，大多是历史人物或传说人物。

碧霞元君又叫泰山娘娘，全称是天仙圣母碧霞元君，元君是道教对女仙的尊称。碧霞元君是东岳大帝的女儿。碧霞元君和东岳大帝全是山神的人格化，

我国民间供奉的文武财神

　　财神是我国民间普遍供奉的善神之一，每逢新年，家家户户悬挂财神像，希望财神保佑以求大吉大利。吉，象征平安；利，象征财富。人生在世，既平安又有财，自然十分完美，这种真切的祈望成为

各路财神雕塑

人们的普遍心理。

财神一般认为有所谓正财神赵公明，文财神范蠡，武财神关羽，偏财神五路神、利市仙官，准财神刘海蟾等等，各都具有特殊的象征意义。

赵公明，本名朗，字公明，又称赵玄坛，"玄坛"是指道教的斋坛，也有护法之意。在我国古代神魔小说《封神演义》中，姜子牙并没有封赵公明为财神，只封赵公明为"金龙如意正——龙虎玄坛真君"，简称"玄坛真君"。

搜集儒、释、道三教圣贤及诸神事迹的古籍《三教搜神大全》称赵公明能：

■ 财神赵公明像

驱雷役电，唤雨呼风，除瘟剪疟，保病禳灾……至如讼冤伸抑，公能使之解释，公平买卖求财，公能使之获利和合。但有公平之事，可以对神祷，无不如意。

本来，被封为"玄坛真君"的赵公明应该是负责专司迎祥纳福、商贾买卖的。但是，后来，民间认为赵公明统帅的"招宝天尊萧升"、"纳珍天尊曹宝"、

《封神演义》

俗称《封神榜》，我国古代神魔小说。全书内容以篇幅巨大、幻想之奇特而闻名于世。其内容依托商灭周兴的历史背景，用武王伐纣为时空线索，从女娲降香开书，到周武王姬发封列国诸侯结束。其中的哪吒闹海、姜子牙下山等情节展现了古人丰富的想象力。

■ 文财神范蠡

夫差（？~前472年），姬姓，春秋时期吴国末代国君，夫差本人非常好胜并且骄傲，他的好胜心让他打败了勾践，也给了勾践一条生路。在夫差执政时期，吴国极其好战，连年兴师动众，造成国力空虚。公元前473年，越再次兴兵，终灭吴国，夫差自刎。

"招财使者陈九公"、"利市仙官姚少司"这4名与财富有关的小神，他们分别对应着招宝、纳珍、招财和利市，因而尊赵公明为财神。

范蠡是春秋战国之际杰出的政治家、思想家和谋略家，同时他也是一位生财有道的大商家。在我国民间，范蠡被奉为文财神。

范蠡，字少伯，天资聪颖，少年时便有自知之明，后被越王勾践拜为士大夫。越国兵败于吴国，范蠡与越王一同去屈事吴王夫差。回国后，范蠡又辅佐越王富国强兵，终于打败了吴国。

灭吴之后，越国君臣设宴庆功，群臣皆乐，唯独勾践面无喜色。范蠡察此微末，立识大端，那就是越王为争国土，不惜群臣之死，而今如愿以偿，便不想归功于臣下。于是，范蠡毅然向越王辞官隐退，带领家属随从，驾扁舟泛东海，来到了齐国。

范蠡父子在齐国海边耕种土地，勤奋治产。没过多久，就积累家产数十万金。齐国国君闻其贤能，请范蠡为宰相。范蠡想：在家能积累千金，做官能做到卿相，这是老百姓最大的愿望。长久地受此尊命，实为不祥。

于是，范蠡归还了相印，将钱财全部分给了朋友和乡邻，只带上了一些最贵重的物品，暗自离开齐都，悄悄地来到了陶地。

范蠡认为，陶地处天下之中，为交易的必通要道，由此可以致富，以为后半生的保证。于是，在此地居住下来，自称陶朱公。

范蠡父子靠种地、养牲畜、做生意，又积累了数万家财，成为陶地的大富翁，后又两次分财于百姓，天下人都赞美陶朱公，拜其为财神。

陶朱公的经营智慧历来为民间所敬仰，于是有许多经营致富术托与陶朱公名下。如后人总结出的范蠡经商原则《经商十八忌》里说：生意要勤快，切忌懒惰；价格要定明，切忌含糊；用度要节俭，切忌奢华；赊账要认人，切忌滥出；货物要面验，切忌滥入；出入要谨慎，切忌潦草；用人要方正，切忌歪邪；优劣要细分，切忌混淆；货物要修整，切忌散

齐国 我国历史上从西周到春秋战国时期的一个诸侯国，有姜齐和田齐之分。齐国的疆域有山东省偏北的大部及河北省西南部，东靠海，西南和莒、杞、鲁等小国接界，北和燕接界，西和赵、卫接界，国都设在临淄，公元前202年被汉将韩信所灭。

■ 文财神范蠡

文财神范蠡雕塑

科举 我国古代为选拔人才的科举考试。隋唐到清代时期，朝廷分科考选文武官吏及后备人员的制度，能使任何参加者都有成为官吏的机会。考试的科目分常科和制科两类，每年分期举行的称常科，由皇帝下诏临时举行的考试称制科。

漫；期限要约定，切忌马虎；买卖要适时，切忌拖误；钱财要明慎，切忌糊涂；临事要尽责，切忌妄托；账目要稽查，切忌懒怠；接纳要谦和，切忌暴躁；立心要安静，切忌粗糙；说话要规矩，切忌浮躁。这些忌讳多是商家经验之谈，托名陶朱公。

由此可见，范蠡作为财神，在商人心目中的智慧形象。范蠡一生艰苦创业，积金数万，善于经营，善于理财，又能广散钱财，所以，称其为文财神也就理所当然了。

对武财神关公的信仰始于南北朝。南朝陈废帝临海王陈伯宗，曾经当阳县玉泉山首建关公庙。后来，由于历代朝廷从儒家道德的角度，大肆宣扬关公的忠孝节义，使关公信仰在不太长的历史时间里蓬勃发展，主要表现在庙宇增多，达数十万座。关公的封号也在不断加多。

关羽一生忠义勇武，坚贞不二，为佛、道、儒三门崇信。明清时代，关羽极显，有"武王""武圣人"之尊。由此，关羽被世人附会成具有司命禄、估科举、治病除灾、驱邪避恶等全能法力。民间各行各业对万能之神关帝顶礼膜拜。

人们之所以奉关公为财神，大概是因为关羽不为金银财宝所动，与一些世间贪利妄义之徒形成了鲜明的对比。世人尤其是商贾们，都敬佩关公的忠诚和信义，希望关公作为他们发财致富的守护神。

另一个意义是，人们希望商贾坚守诚信进行交易，把关公奉为公正人，来维护传统的道德秩序。

文昌帝君又称梓潼帝君，他是我国古代文章、学问、科举学士的保护神，读书人将他奉为文财神。

自古以来，我国提倡"学而优则仕"。有钱有势的为不失家风，无钱无势的为改变社会地位，告别贫困，都想读书做官。于是在这种的氛围中，文昌信仰便应运而生，学子们大都会去祭拜文昌帝君。

文昌信仰源于我国的星辰崇拜。我国第一部纪传体通史《史记·天官书》上说，北斗之上有六星，统称为文昌宫。宫中所有星神都能主宰人的功名利禄。从汉代以来，对文昌

学士 又称"内阁大学士"、"殿阁大学士"等，明清时期流行的中堂一称，一般是指大学士或首辅大学士。大学士拥有和宰相同样大的权力，负责主持内阁大政，还要参与国家大事的重要决策。大学士还要负责为皇帝起草诏令，批答奏章。

■ 财神关公雕塑

文昌财神

心灵之依 ◎ 民间宗教与民间信仰

《明史·礼志》
《礼志》是《明史》中的章节之一，是影响最大的记载明代礼制的专门文献，向人们提供了明代礼制的基本构架和主要内容。《明史》是一部纪传体断代史，也是我国"二十四史"之一，共332卷，包括本纪24卷，志75卷，列传220卷，表13卷。

的信仰从未淡化过。读书人出门在外，也要请一尊文昌神像，以便随时祭拜求助。国家、家庭祀典都少不了祭文昌帝君。

我国纪传体断代史《明史·礼志》上记有这样一个故事，说四川七曲山有位叫张亚子的人，为报母仇就迁往梓潼，后来去帮助晋国打仗，结果身亡。人们便立祠纪念他。

在唐代，张亚子被多次加封而称英显王。道教也将他吸收进了自己的神谱，安排在文昌府中主司禄籍，并将地名尊作神名。宋代科举大盛，张亚子信仰随之而盛。

明代，天下学馆都立文昌祠。清代规定，每年二月初三为文昌诞辰纪念日，朝廷派员参加祭祀活动。现在人们所称的文昌帝君，实际上是文昌与梓潼的结合体。有的地方称其为文曲星。

历史上文昌的形象是雍容慧颜，骑白驴，有两个童陪伴。现在，上海城隍庙里文昌帝君的形象是坐相，穿袍、长须、慈眉、慧眼，头戴饰玉官帽，书生气十足。

文武财神是民间所谓的正财神，在正财神之外，还有偏财神，这是就财神所在的神像位置而言的。

民间的偏财神经常是指被称为五路神的财神。在《封神演义》中，五路财神指的是赵公元帅、招宝天尊萧升、纳珍天尊曹宝、招财使者陈九公和利市仙官姚少司。五路神又指路头、行神。

明代以来，江南形成祭祀五路财神的习惯。这五路就是五显，即显聪、显明、显正、显直、显德。显然这是偏重于社会公德。也有人说是东西南北中五方，意味着处处有生财之道，劝人勤劳致富。

五显财神信仰，在江西德兴婺源一带也很流行。兄弟五人封号首字皆为"显"，因此称五显财神。生前劫富济贫，死后仍惩恶扬善，保佑穷苦百姓。北京安定门外有五显财神庙。

从清代开始，五路成了一路，总称为财神。神像也由群像变为单

■ 五显财神浮雕

■ 财神赵公明

一神像。老百姓失去了研究五路财神的兴趣，在不少地方将赵玄坛当作五路财神的代表，这从面相、装束、坐骑上都能得到证明。

五路财神都是吉祥神，也是民间吉庆年画中常见的形象，他们深受人们的爱戴和崇拜。每年正月初五，是五路财神的生日。

这天天刚放亮，城乡各位都可听到一阵阵鞭炮声。为了抢先接到财神，商家多是初四晚举行迎神仪式，准备好果品、糕点及猪头等祭祀用品，请财神喝酒。届时，主人手持香烛，分别到东南西北中五方财神堂接财神，五位财神接齐后，挂起财神纸马，点燃香烛，众人顶礼膜拜，拜罢，将财神纸马焚化。

到了初五凌晨，人们抢先打开大门，敲锣打鼓，燃放鞭炮，向财神表示欢迎。接过财神，大家聚在一起吃路头酒，直吃到天亮开门营业，据说可保一年生意兴隆，财源茂盛。

所谓"抢路头"，即抢接五路财神，人们个个争早放头通鞭炮，以此祈盼发家致富。

在民间所供财神中，不管是赵公元帅，还是赐福

纸马 俗称"甲马"。古时祭祀用牲币，后演变为用偶马。纸马的形式实质上就是木刻黑白版画，因为它只存在于民间，为区别其他的书籍插图版画、佛、道经版画等，称为民间版画。

天官，身边总要配以利市仙官。利市仙官是五路神之一，因此，利市仙官可说是地地道道的偏财神。

有关利市仙官的来历，在《封神演义》中有记载：利市仙官本名姚少司，是大财神赵公明的徒弟，后被姜子牙封为迎祥纳福之神。

所谓"利市"包含三重含义：一是指做买卖时得到的利润；二是指吉利和运气；三是指喜庆或节日的喜钱如压岁钱等。人们信奉他，是希望得利市财神保佑生活幸福美满，万事如意。

到了近代，一到新年，有的人特别是商人，还把利市仙官图贴到门上，并配以招财童子，对联写道："招财童子至"与"利市仙官来"，隐喻财源广进、吉祥如意。在民间，许多财神的画像不只赵公明、关羽、比干、范蠡等都有利市仙官随侍在侧，利市仙官有时也单独出现。虽然他只是财神部将，但因名字取得十分吉利，博得许多梦想大发利市者的欢心。这并不是他本身的事迹所致，而是职称切中人心之功。

在民间，被奉为富财神的财帛星君，也是最受人们欢迎的神之一。这财帛星君就是银行界的始祖、元末明初的大富翁沈万三。

据说，沈万三有一个聚宝

133

崇拜之神 ◎ 三方福神

■ 年画利市仙官

天义德

■ 沈万三 画像

心灵之依◎民间宗教与民间信仰

盆，不断地生出金银珠宝。当时的朱元璋要建国时，因为手头拮据，曾找他帮忙，而终于完成了建国大业，因此把他封官，负责掌理国家的财务。

后来，玉皇大帝封沈万三为"福财帛星君"，手下有招财童子及接引天官两位助手，因此在民间年画中，常常见此人文雅非凡，白脸长须，左手执如意，右手执聚宝盆，写着"招财进宝"的画像，一般从事买卖、股票、银行的人供奉财帛星君。

在我国民间信仰的众多财神中，有一类只能算作是准财神，意为未得财神封号，但由于此神能为人们带来一定的财运，承担了一部分财神的职责，于是人们就将其作为财神看待。刘海蟾就是其中最具代表的一位准财神。

刘海蟾原名刘海，五代时人，籍贯是燕山，也就是后来的北京。刘海蟾曾为辽国进士，后为丞相辅佐燕主刘宗光。此人素习"黄老之学"。

刘海是个悟后弃富的道士，本与财神无缘。刘海成为财神也许是源于他的道号海蟾子。蟾，即蟾蜍，

进士 意为可以进授爵位之人。我国古代科举制度中通过最后一级朝廷考试的人，就叫进士，是古代科举殿试及第者之称。唐时以进士和明经两科最为主要，后来诗赋成为进士科的主要考试内容。元、明、清时，贡士经殿试后，及第者皆赐出身，称进士。

因此物相貌丑陋，分泌物有剧毒，对人体有害，被列为"五毒"之一。又因蟾蜍的分泌物蟾酥有强心、镇痛、止血等作用，又受人们所崇拜。

当时，人们把蟾蜍当成了避五病、镇凶邪、助长生、主富贵的吉祥物，是有灵气的神物。刘海是以"蟾"为道号而闻名，又以"刘海戏金蟾"的传说，被抬上了财神的宝座。

刘海戏金蟾出现在民间年画和剪纸中，历代画家也有不少这一题材的佳作传世。在这些作品中，刘海是手舞足蹈、喜笑颜开的顽童形象，其头发蓬松，额前垂发，手舞钱串，一只三足大金蟾叼着钱串的另一端，做跳跃状，充满了喜庆、吉祥的财气。

刘海所戏的金蟾，并非一般蟾蜍，而是三足大金蟾，举世罕见。金蟾被看作是一种灵物，古人认为得之可以致富。这是刘海被塑造成财神的主要根据。

剪纸 又叫刻纸，是我国最古老的民间艺术之一，剪纸是一种镂空艺术，起源于古人祭祖祈神的活动，其在视觉上给人以透空的感觉和艺术享受，如窗花、门笺、墙花、顶棚花、灯花等。其载体可以是纸张、金银箔、树皮、树叶、布、皮革等片状材料。

■ 刘海戏金蟾

《西游记》 我
国古典"四大名
著"之一，作者
是明代杰出的小
说家吴承恩。主
要描写了唐僧、
孙悟空、猪八
戒、沙僧师徒四
人去西天取经，
历经九九八十一
难的故事。《西
游记》不仅内容
极其丰富，故事
情节完整严谨，
而且人物塑造鲜
活、丰满，想象
多姿多彩，语言
也朴实通达。

■ 刘海戏蟾图

据说，刘海用计收服了修行多年的金蟾，得道成仙。刘海戏金蟾，金蟾吐金钱，他走到哪里，就把钱撒到哪里，救济了不少穷人。人们尊敬他，感激他，称他为活神仙，为此，还修建了刘海庙，把他的故事编成戏剧，到处吟唱。

爱财之心，人皆有之，佛国也不例外。我国古典"四大名著"之一《西游记》中曾描述，唐僧师徒到了西天，竟意外遇到索贿的事，唐僧只得拿出紫金钵献出，才获得有字的真经。

佛经里也记载了这样一个故事：佛祖释迦牟尼收受了龙女一颗价值三千大千世界的宝珠，才让龙女立地成佛。因此，佛门也出现了财神。

北方多闻天王是佛教四大天王之一，其源于印度教中财神俱比罗，他既是北方的守护神，又是财富之神。敦煌壁画里毗沙门像，画的是他渡海布道、广散金银财宝的故事。所以，他最受人们欢迎。

善财童子也是一位财神。传说，福城长者有500个儿子，善财是他的最小儿子。善财大出生之时，有很多珍宝从

年画财神叫门

地下涌出，福城长者请来了一位相士，相士为之取名叫善财。

善财视财富为粪土，发势要修行成佛，他历尽了千辛万苦，参拜了比丘、长者、菩萨、婆罗门、仙人等53位名师，最后拜见了普贤菩萨，实现了成佛的愿望。为老百姓喜闻乐见的、观音菩萨身边的其中一位童男，就是善财童子。

阅读链接

传说赵公明性子懒散，一年中仅在正月初五那天走下龙虎玄坛一次，而且很随意，不定去往哪一家。所以，在旧时人家都在此日赶早鸣放鞭炮，焚香献牲，抢在前头迎接他。旧时，一般商店除夕做完生意便放年假，至初五接过财神，才开门营业，称为开头盘。

此外，有人打听到这位尊神的生日是农历七月二十二日，因此并不集中在初五，而是改在财神诞生日悄悄备办盛祭，指望他从后门进来享用。

碧霞元君信仰的历史变迁

碧霞元君就是泰山奶奶，是我国历史上影响最大的女神之一，尤其是明清以来，她在民间的影响已经大大超过了五岳之一的泰山主神东岳大帝。相传在很久很久以前，在庆云的马颊河北岸水旱码头，有

碧霞元君又叫泰山娘娘，全称是天仙圣母碧霞元君。元君是道教对女仙的尊称。碧霞元君是东岳大帝的女儿。碧霞元君和东岳大帝皆是幽冥神的人格化，

碧霞元君壁画

个名叫丁家林的大镇店，非常繁华。在大街的西边，有个石姓富户，建有花园，人们称石家花园。

石家花园里雇有花匠和佣人，佣人中有个石丫头，进花园时，年幼时长得十分俊俏。后来，石丫头生秃疮，头发掉光，被赶出了石家花园。她无家可归，每逢丁家林集日，她就在集上乞讨度日。

石丫头乞讨时，如遇有的摊贩不给钱和东西，她就说："你一天不开市。"结果摊贩就会真的一天都没有买卖。时间一长，商贩们都开始害怕起她，也嫌她老在案子前乞讨影响生意，就凑了点钱雇了个叫王灵冠的人将石丫头背到外地去。可没等王灵冠回来，石丫头又在集上出现了。

做买卖的人都认为，王灵冠把石丫头背出去的近，于是他们又多凑了些钱，仍让王灵冠把石丫头背得远远的。王灵冠一路走，一直将石丫头带到了泰山上。当王灵冠想转身离开时，石丫头突然对他说："王灵冠，你走这么远的路把我背到这里来，大老远的你还想回去吗？"

王灵冠不屑地说："当然要回去！"但是，当他

■ 碧霞元君像

东岳大帝 又称泰山神，其身世众说纷纭，有金虹氏说、太昊说等。泰山神作为泰山的化身，是上天与人间沟通的神圣使者，是历代帝王受命于天，治理天下的保护神。根据我国古老的阴阳五行学说，泰山神具有主生、主死的重要职能。

■ 泰山俯瞰碧霞元君祠

门神 道教和民间共同信仰的守卫门户的神灵，旧时人们都将其神像贴于门上，用以驱邪辟鬼，卫家宅，保平安，助功利，降吉祥等，是民间最受人们欢迎的保护神之一。道教因袭这种信仰，将门神纳入神系，加以祀奉。

抬脚要走时，被石丫头伸手一碰就不能动弹了。然后，石丫头对王灵冠说："我和你无冤无仇，但你只是收了钱就听凭别人的命令，想必以后你好也做不了什么好事。你就别回去了，不如你就永远在泰山上服侍我吧！"

从此，石丫头就定居在泰山上，成了碧霞元君。老百姓称之为泰山奶奶，王灵冠也作为一位门神，被供奉在泰山碧霞祠殿门前西侧。

由于泰山很高，人们登山时累了往往就会发牢骚，或者说一些不中听的话，这在泰山是个忌讳，因为侮辱泰山奶奶会招致坏运气。

但是，庆云县这一带的人去泰山烧香时无论怎么抱怨都没事。人们都说，那是因为庆云人是泰山圣母的娘家人，泰山奶奶不怪他们。

徐州传说的泰山奶奶是另一个样子。据说很久以前，徐州一带遭遇了一场严重的瘟疫，死了很多人。一些有钱有势的人，骑马坐轿的来到徐州六七百里地的东岳泰山，求东岳大帝为其保佑，而许多百姓则因为没有盘缠钱，只好在家里坐以待毙。

东岳大帝之女碧霞，心地十分善良，当时年仅十五六岁的她得知这一情况后非常焦急，欲拯救处于水火中的灾民，决定自己独自前往徐州为更多的百姓消灾除害、解难。

家人考虑碧霞年纪尚小且只身一人，放心不下，没能同意。这可急坏了小碧霞，此事曹舅爷知道后，表示愿意护送碧霞前往徐州。经过长途艰辛跋涉及一路上舅舅的悉心照料，两人终于来到了徐州并很快降服了瘟神，也为从四方赶来的百姓治病收灾。人们为了纪念碧霞的功德，特意为她建立了娘娘殿，也叫泰山奶奶殿。

同时，曹山舅不仅护驾有功，他也为人憨厚，性格耿直，乐善好施，疾恶如仇。人们也不会忘记曹山舅，娘娘殿建成以后，人们又建了曹山亭，里面端坐的是曹山舅的塑像，从此常年在山下一条上山的路口守护，严防妖

轿 我国古代交通工具之一，在我国大约有4000多年的历史。据史书记载，轿子的原始雏形产生于公元前21世纪的夏代初期。我国的轿子曾流行于广大地区。自古以来历代相袭。因时代、地区、形制的不同而有不同的名称。如肩舆、檐子、兜子、暖轿等。

■ 泰山碧霞祠前的石阶

崇拜之神 ◎ 三方福神

■ 泰山碧霞祠

心灵之依◎民间宗教与民间信仰

琉璃 又叫流离，指用各种颜色的人造水晶为原料，采用古代青铜脱蜡铸造法高温脱蜡而成的水晶作品。琉璃的色彩变幻瑰丽、精美绝伦；其品质晶莹剔透、光彩夺目。是佛教"七宝"之一、"中国五大名器"之首，是我国古代文化与现代艺术的完美结合，也是我国古代艺术精妙、细腻、含蓄的体现。

魔上山搞破坏，并向人们讲述"做善得福，做不善遭殃"的因果报应道理，劝化世人回心向善。

这座泰山奶奶殿坐落在山顶，规模宏伟，气势不凡。大殿正前是香炉等设施，平日里是烟雾缭绕，香火鼎盛。大殿前端左右两方皆是配殿，大殿的屋顶全部盖孔雀蓝琉璃瓦，正脊、垂脊和戗脊等以黄、绿两色为主楼空雕花，装饰丰富多彩、华丽气派。

殿内的正方是3尊与真人大小相当的泰山奶奶的金色坐像，披着红色披风，挽着发髻，面目慈祥，和蔼可亲。

泰山奶奶很是灵验，人们也赋予了她很多的美好传说，泰山奶奶心地很善良、富有同情心，只要是诚心向她老人家祈祷、许愿的人，泰山奶奶都会帮着排忧解难。

碧霞元君信仰，起始于宋真宗封禅泰山时发现的玉女石像。而早在汉代，碧霞元君的前身，即泰山玉女这一形象已出现。

东汉时，山川崇拜与神仙家、道家思想交错影响，尔后道家吸收山川信仰，认为名山必有仙人居住。于是，泰山仙人玉女这一形象开始出现。

从曹操诗中的"玉浆"、曹植所描述的"醴泉"、"桂酒"到李白诗中的"流霞杯"，都将泰山玉女与泰山山水之灵气结合在一起。

泰山自古便是人们心目中圣地，又是后代封禅祭祀之场所。因文求实，诗人在意境中对泰山玉女的描绘，对泰山泉水的讴歌，必定引起人们对泰山玉女的崇拜，并从现实中寻找对其信奉的载体。而女属阴，水也属阴，泰山中的圣水泉池正可谓玉女的代表，古人们自然将玉女池看作玉女的化身。这样，位于岱顶的玉女池，自然成为人们追逐和求证的理想场所。

宋真宗东巡封禅，曾经亲临玉女泉，即玉女池，

曹操（155年~220年），字孟德，东汉末年杰出的政治家、军事家、文学家、书法家。三国中曹魏政权的缔造者。他统一了我国北方，并实行一系列政策恢复经济生产和社会秩序，奠定了曹魏立国的基础。曹操也善诗歌，其诗气魄雄伟，慷慨悲凉；散文亦清峻整洁，开启并繁荣了"建安文学"。

■ 泰山碧霞祠

■ 泰山碧霞祠

成吉思汗（1162年～1227年），字儿只斤·铁木真。蒙古帝国可汗。世欧史上杰出的政治家、军事家，元世祖忽必烈追尊成吉思汗庙号为太祖，谥号为圣武皇帝，元武宗海山加上尊谥法天启运，其谥号变为法天启运圣武皇帝。1206年春天建立大蒙古国，此后多次发动对外征服战争，征服地域西达中亚、东欧的黑海海滨。

更换玉女石像。石像出现，为泰山玉女信仰实证。

宋哲宗时，还在岱顶修建了奉祀玉女的庙宇玉女祠，也就是后来的碧霞祠。使玉女神逐渐从玉女泉崇拜中分化出来，而成为泰山碧霞云雾奇观的化身。

宋徽宗封泰山玉女为碧霞元君，就体现着泰山玉女与碧霞宝光的结合，也反映出北宋朝廷对女性之神的封号制度。

宋代皇帝在泰山更换玉女石像，在山顶置玉女祠，封泰山玉女为碧霞元君，等于官方对泰山玉女的信仰给予了肯定。这种对于泰山玉女的推崇行为，自然会在民间信仰中产生影响。

当时，民众对泰山神灵的崇祀已经十分普遍，泰山的香社活动已经进入成熟的时代。普通民众也一定会从信仰行为上，对泰山玉女有所表示，只是没有留下历史记载。

宋真宗封禅之后，泰山玉女作为独立的神灵，在民间和上层社会都得到较大的发展。但是在宋元时期，泰山玉女的信仰仍不属于国家中的五岳祭祀系列，其地位仍附着在东岳大帝之下，并没有成为独步民间的神灵。

无论是道教大师丘处机西觐成吉思汗，还是元世祖忽必烈诏封全真道五祖为"真君"，册封王重阳的七大弟子为"真人"，这些都表明元代执政者对道教的重视。

在元代，道士还获得了代替朝廷祭祀岳渎的权利。祭祀岳镇海渎使用道士，遂成元代定制。而泰山玉女也正是在元代经过道教徒的塑造，而纳入道教体系的。道教徒首先给泰山玉女塑造了高贵的出身，他们借助泰山神的地位，将其附会为泰山神之女。

1230年左右，道士张志纯重修泰山玉女祠，重修后的玉女祠改称昭真观。昭真之"真"乃道家专用术语，其含义首指老子的道。在昭真观命名时，真又指

■泰山碧霞祠

■ 泰山碧霞祠

元始天尊 又名
"太上盘古氏玉
清元始天尊"，
是公认的道教始
祖，在"三清"
之中位列最尊，
道教神仙中唯一
的大天尊。相传
在混沌未开之
时，元始天尊曾
以盘古巨身开天
辟地。《历代神
仙通鉴》称元始
天尊为"主宰天
界之祖"。

全真道，是全真道的最高宗旨，并且改玉女祠为昭真
观之人，很可能就是张志纯。

玉女祠的这次重修与改名，均由道士主持，其祠
宇必定归道门管理，其神泰山玉女为道教神仙也就顺
理成章了。

这次重修与改名，以独特的方式保护了泰山玉
女，一方面道教的吸纳，使其拥有了道教女仙的光环
而获得了朝廷的认可，避免了因民祠而惨遭取缔的命
运。同时，也改变了玉女祠民间小庙的规制，大大提
高了泰山玉女在民间信仰中的地位。

此外，道教经卷《元始天尊说东岳化身济生度死
拔罪解冤保命玄范浩咒妙经》，对泰山玉女进行了塑
造。此经的出现，更加明确了泰山玉女的道教属性，
这为玉女信仰在明清时期的兴盛奠定了基础。

从元代末期开始，道教信徒开始把泰山玉女纳入道教神灵体系。明太祖朱元璋登基初，便从儒教原理主义观念出发，实施大规模的礼制改革。

首先，道教文献将泰山玉女打造成碧霞元君。碧霞元君封号的出现，明确了其神的道教归属，绝无歧义。且道教神仙由于修行方式和功德不同，所得位阶也不同。

元君是道教对女仙中仙位较高者的尊称，其位列第九级，而金童、玉女则仅随从于神仙左右，专事接待、传讯等职务，位列最低级别即第十六级。

这样一来，碧霞元君在道教神仙体系中的地位得到了较大的提高，已有"掌岳府之神兵，管人间之善恶"之职权。稍后的《碧霞元君护国庇民普济保生妙经》正式册封"碧霞元君亦主泰山证位"，她依附于

■ 明代天妃与碧霞元君

■ 碧霞祠铜碑

香税 我国古代税赋之一。从明代开始，对朝山进香的信士信女征收的一种特殊税种，其具有营业税的特点。据明代查继隆《岱史》卷13《香税志》记载，明代时香税仅在武当山所在的湖北十堰和泰山所在的山东泰安征收。

东岳大帝之下的状况亦得以改变，并且"至仁至孝、慈惠恭顺、普济保生、护国庇民"之德行再次得到了彰显。

明代中后期，除明穆宗外，几朝皇帝都热衷于道教，重用道士。因此，道士将泰山玉女打造成碧霞元君的做法得到皇族的认同，朝廷对其庙宇多次敕修。

1483年，昭真观重修后，赐额"碧霞灵应宫"。此后，碧霞元君得到皇室认可与朝谒。

1589年，明代"国本"之争渐起，郑贵妃先后4次遣中官致祭元君，建醮三阳庵，以求元君保佑。1593年，《碧霞宫祝荫碑》碑阴亦有太后、妃主、皇子、侍臣等题名。

至清代，皇室致祭、赐额元君庙的例子也屡见不鲜。清康熙曾多次登泰山，上谒东岳庙，躬祀泰山之神，令从每岁香税钱粮内量给数百金，修葺上下岳庙与元君诸祠。清乾隆前后10次巡幸泰安，6次登岱顶，至碧霞宫拈香。后祭祀碧霞元君成为定制。

此外，清初对碧霞祠多次赐额，康熙年间赐"坤元叶德"，雍正年间赐"福绥海宇"，乾隆年间赐"赞化东皇"。

总之，碧霞元君虽始终未列入国家正祀，但由于历代皇帝在不同程度上对其祭祀持赞同或支持的态度，实际上可视为一种"准正祀"，是一种朝廷肯定的民间信仰。

道士对泰山玉女的打造，得到了古代民众的认可。其在民间的地位，已赫然凌驾于泰山神东岳大帝之上。与从前先拜东岳大帝而后祠元君截然相反，民间已首祭碧霞元君。碧霞元君已成为民间、道教、官方共同信奉的神灵。

在道教、国家、民间宗教家及移民等众多因素的影响下，碧霞元君信仰开始向全国扩展，形成了京师、太原、西安、辽阳等几大信仰中心，成为北方信仰地域分布广泛的神灵之一。

阅读链接

传说碧霞元君本来是黄飞虎的妹妹黄妃。在姜子牙分封诸侯的时候，就留下了一座东岳泰山。这时，周武王的护驾大将黄飞虎找上门来，非要把泰山封给他不可。两人正在商榷时，黄妃也来找姜子牙要地盘。

姜子牙见黄氏兄妹争得面红耳赤，就对他们说："你们凭自己的本事，谁先登上泰山，泰山就是谁的。"黄飞虎一听，便骑上他的玉麒麟，日夜兼程，从京都直奔泰山。而黄妃先将自己的鞋子脱下一只，使了个神法，将鞋子扔到玉皇顶上，然后才不慌不忙地向泰山赶来。这样一来，姜子牙就把黄妃封为碧霞元君，让她守护泰山了。

敬奉灶王爷上天说好话

灶王爷贴画

灶神的全衔是"东厨司命九灵元王定福神君"，俗称"灶君"，或称"灶君公"、"司命真君"、"九天东厨烟主"、"护宅天尊"或"灶王"，北方称他为"灶王爷"。

民间的传说大部分都转向于灶神是偏爱美食的人幻化而成的神灵这一说法。传说灶神是古时候的一个贪官，生性嘴馋，每天都要找美味来食用，百姓不堪其扰。后来，一位神仙将他放到锅台上做"灶王"，终生只能看人家吃美食。

在山东西部一带，每到灶王节，人们都会从灶后的墙上将原来的满是灰尘的灶王像揭下烧掉，再将新买来的灶王像贴在原来的地方。

有的人家还在灶王像的两旁贴上一副"上天言好事，下界降吉祥"的对联，再加"一家之主"的横批，并且在这一天家家户户都要吃面条。

也就是在这一天，那位被称为"一家之主"的灶王爷才能享受到这一年一度一碗面条的供奉。也就在这一天，人们会讲起那个"灶王老爷本姓张，一年一碗热面汤"的故事。

崇拜之神 ◎ 三方福神

■ 灶王像

据说在很早很早以前，在一个地方，住着一户姓张的人家。他们一家4口，除老夫妇以外，还有儿子、媳妇。儿子名叫张郎，娶妻名叫丁香。张老夫妇非常疼爱儿子、儿媳，张郎夫妻也十分恩爱，丁香又很孝顺公婆。因此，小日子过得很是美满。

谁知后来张郎怎么也不愿在家种地了，一心一意要外出做买卖。老张夫妇和丁香虽然都不愿他出去，并多次劝阻，但张郎执意不听。他们没有办法，就只好让他去了。

自从张郎走后，家中的生活担子差不多就由丁香一人挑起来了。公婆都已年迈，干不得重活，她不得

灶王节 又称小年，举行过祭灶仪式后，迎接过年的准备工作就正式开始，此后直到除夕这段时间称为"迎春日"。民间还多以腊月二十四日为扫尘日，象征着人们辞旧迎新，荡涤污秽，驱走一切不吉利的东西，期望来年万事如意、人富平安的良好愿望。

■灶王爷画像

心灵之依◎民间宗教与民间信仰

炕 我国传统的古床之一，最早的起源在西汉时期。炕是北方住宅里用砖或土坯砌成，上面铺席，下有孔道与烟囱和锅灶相通，可以烧火取暖的床，但严格来说炕不是床，它的结构远较床复杂，搭法也不尽相同，有洞炕、花炕和空心炕之分。

不风里雨里、家里家外拼命地干活。就这样，才使一家3口总算没有饿着。

张郎一去就是5年，没有一点音信。张老夫妇由于思儿心切，便双双病倒了。丁香虽百般设法延医诊治，但总不见效。不久，公婆便先后去世了。丁香典东卖西葬了公婆，生活可就更困难了。

张郎一去10年了，但仍没有一点音信。这几年来偏又遇着连年的荒旱，因此，丁香的日子就更艰难了。家里的东西差不多变卖光了，唯有那头她多年喂养的老牛和那辆破车她怎么也不舍得卖。

丁香作为一个女人，上坡种地，如果没有了那头老牛和那辆破车，就更没办法了。在这样的情况下，丁香越发思念张郎。那真是行走着也想，坐下来也想，吃饭时也想，睡梦里也想。

一天，丁香从地里回到家中，天已是漆黑漆黑的了。劳累了一天，她觉得浑身酸疼得难受，连饭也没吃就一头歪倒在炕上，迷迷糊糊地睡着了。

丁香正在炕上躺着，忽见一个高大的汉子走了进来。那人头发蓬松着，衣服也很破烂。丁香不由得一惊！心想，这是谁啊，她起身朝那人仔细一看，啊呀！原来那人正是张郎。

丁香见张郎回来了，真是又惊又喜，又高兴又难过，就一下子扑到张郎怀中呜呜地哭了起来。

张郎也哭了，他说："丁香啊，我真对不住爹娘，也对不住你。我出去这么多年，不但一个钱也没挣着，反而叫你在家受了许多苦。爹娘也因想念我早早去世了。我真没脸见你了。"

丁香见张郎哭得那样伤心，便强忍住眼泪安慰张郎说："张郎啊，过去的事就甭提了，只要你平安回来就好了。"随后，丁香静静地听着张郎诉说他在外头的一些遭遇。

忽然，一阵"喔，喔，喔——"的雄鸡啼声，将丁香从梦中吵醒。她起身之后一看，屋里哪有什么张郎？这空荡的房中，仍只是她孤单一人。

丁香长长叹了一口气说："唉！又是一个梦！"她又仔细听了

■ 年画打灶王

■ 灶君府年画

心灵之依◎民间宗教与民间信仰

休书 相当于古人的离婚协议书，一般是由男子写给妻子的。古代时的订婚须有婚书或私约，即许婚之书。但是这种私约是不被古代法律承认的，如果要终止或解除婚约关系，必须由男方家出具离婚书或休书，悔婚违约。

听，那雄鸡才刚叫头遍，离天明还早，便又侧身躺下，但她怎么也睡不着了。她翻过来倒过去地回忆梦中的情景，一直到大天亮。

几个月后的一天，张郎真的回来了。但是，这时候的张郎，已不是过去的那个张郎了，他已经成了一个大富商了。

丁香见盼星星盼月亮盼了10年的丈夫回来了，真是喜出望外。她立即张罗着为张郎烧火、做饭。可是，张郎进得门来，连正眼也没看丁香一眼。他在屋里、院子里巡视了一遍以后，就将一纸休书扔给了丁香，说："我给你一头老牛、一辆破车，你赶快给我走吧！"

丁香一见休书，真好像晴天里打了一个霹雳！她真没想到今日盼明日盼一直盼了10年才盼回来的丈夫会来这一手。她惊呆了半天，才说："张郎，这是真的吗？"

张郎恶狠狠地说："难道我还和你闹着玩！"

丁香理直气壮地质问张郎："我哪一点对不住你？你为什么要将我赶走？"

张郎本就理屈，这一下可叫丁香问住了，他支吾了半天，才找出这样一句话说："我愿意将你赶走，就将你赶走！"

"难道你一点也不念及从前的恩爱了吗？"

"什么恩爱不恩爱，少啰嗦，快给我滚！"张郎绝情地说了这么一句，就抬腿走了。

丁香看出任凭再说什么也不会有用了，于是就收拾了自己的衣衫，牵出那头她喂养多年的老牛，套上那辆破车。她爬上车坐下，老牛就拉着她走了。

可是，丁香能走到哪里去呢？回娘家吗？爹娘早已去世，兄嫂能收留她这个被人休弃的女子吗？投亲戚吗？也不行！难道能在亲戚家里住一辈子？她左想右想没个去处，就把心一横，想道：任凭老牛拉着我走吧，它拉我到哪里就算哪里吧！

老牛拉着丁香走啊，走啊，从天明走到了天黑，又从天黑走到了天明，也不知走了多远，也不知走到了什么地方。

丁香看看老牛仍没有停下的意思，就对老牛说："老牛啊！你要拉我到哪里去？我们走到什么时候是个头啊？你还是拉我到一家人家去吧！不过，可有一件：你若拉我到富豪人家去，我就磨把钢刀杀了你；你若是拉我到一家贫苦人家去，我用剪子铰草料喂你。"

老牛听罢后，点了点头，就又拉着丁香向前走进了一座大山，在山里东转西转，直到天黑，才在一户前不靠庄、后不靠

灶王爷像

铜钱 秦帝国以后两千多年间的钱币，除王莽一度行刀币外，中间都有一方孔，故称钱为"方孔钱"，也被戏称为"孔方兄"。方孔钱是由圜钱演变而来的，以秦帝国的"半两钱"为最早。铸造流通时间尽管只有十余年，但其鼎盛时期全国共有十七省二十局开机铸造铜圆。

村的人家门前停下来。

丁香说："老牛啊，你就拉我到这里吗？"老牛点点头。

丁香又说："我怎么好意思进人家屋里去呢？"老牛见丁香如此说，就扬起脖颈"哞——哞——"地叫了起来。

不大一会儿，只听吱呀一声门响，从那户人家院里走出一个面貌慈祥的老婆婆来。那老婆婆上前来便问丁香道："哪里来的客人啊？"

丁香答道："老大娘，我是走迷了路的。"

老婆婆闻听，就善意地责备道："啊呀！你怎么就一个人走路！"又道，"快下来，在这里住下歇歇，明日叫我那儿子送你出山吧，你一个人是找不到路的。"

丁香见老婆婆面貌慈祥、心地和善的样子，就随那老婆婆进了屋里。经过叙谈以后，得知那老婆婆只娘儿两个。儿子虽已近30岁了，但尚未娶妻。这时他上山打柴去了，还未回来。

晚间，那老婆婆的儿子由山上打柴回来，丁香见那人面貌忠厚，心地也很善良，就将自己的遭遇，对他们母子照实说了。

他们母子对丁香的遭遇非常同情。老婆婆见丁香心地也好，人品也好，就收她做了儿媳妇。

回头再说那张郎。张郎第一天休弃了丁香，第二天就正式娶进了他从外面带回来的一个女人海棠。人们对张郎的那种行为非常不满，于是有人就编了这样一首歌："张郎，张郎，心地不良，前门休了丁香，后门娶进海棠。无义之人，好景难长。"

也许是事有凑巧吧，张郎果然被人们说中了。他娶了海棠尚不到一年，家中遭了一场大火，财产全部烧光了，海棠也被烧死了。张郎虽然保住了性命，但两眼已被火烧得差不多完全失明了。他无以为生了，就只得出外讨饭。

一天，丁香正在院中剪草喂牛，忽见一个要饭的来到她家门上。她就给了他一串铜钱，又拿了一只碗，盛了满满一碗吃剩的面条给那要饭的吃。

那要饭的狼吞虎咽三口两口就将那碗面条吃光了，对丁香说："大娘再给一碗吧！"丁香就又盛了一碗给他。

灶君府年画

■灶王年画

胭脂 又称"燕脂"、"焉支"或"燕支"，是古代时期女性的化妆用具之一。古时的妇人用来妆面的胭脂有两种，一种是以丝绵蘸红蓝花汁制成，名为"绵燕支"；另一种是加工成小而薄的花片，名叫"金花燕支"。

他又三口两口将那碗面条吃了，说："大娘行行好，再给一碗吃吧！我在这山里走迷了路，已两三天没捞着一点东西吃了。"

丁香听那要饭的口音非常耳熟，心中不免有些奇怪。她上前去仔细一看，原来这要饭的正是张郎。丁香一见张郎真是又气又恨，她本想好好地奚落他一顿，但是，看到他那个狼狈样子又有点可怜他，就一声没响回到屋去给张郎盛饭。

丁香一边盛饭一边想，张郎啊张郎，你也会有今天，但是，我总不能像你那样黑心肠啊！我既然给他饭吃了，就索性再好好帮帮你吧！谁叫我从前和你夫妻一场呢！

想到这里，丁香就从头上拔下一枝簪子和一个荷叶胭脂盒扔在碗里。她心想：他吃面时一定会吃出来，那就可以换些钱用了。

张郎接过丁香盛来的第三碗了，又大口吃起来。在第三口上就吃到了那荷叶胭脂盒。但由于眼睛不好，误以为那是一片豆叶，伸手从碗里抓起那个荷叶胭脂盒扔到地上说："一片豆叶！"吃着吃着，又吃到了那枝簪子，他抓出那枝簪子向地上一扔，说："一根豆楂！"

丁香在一旁看到张郎的举动，真是既气不得，又笑不得，不知该说什么好。

丁香正在沉思的时候，忽听张郎说："大娘再行行好，再给一碗吃吧！"

丁香这时不由得慨叹一声，顺口说道："哎哟哟，我那张郎，见了你前妻叫开了大娘。"

张郎万万没想到的是，这个给他饭吃的"大娘"，正是他所休弃的丁香。他被这意外的相逢窘住了，停了半天方才断断续续地说："你……你……你是……丁香？"

丁香说："是的，我正是被你休弃的丁香！"

张郎一听，真是羞愧难当，他无地自容，就一头钻进了锅底下，怎么也不出来了。后来，他就憋死在里面了。

张郎死了以后，据

■乐佛寺灶王爷像

■ 平遥古城灶君庙

石敢当 小名亚达，绰号石敢当，是太平天国时期的名将，我国近代著名的军事家、政治家、武学名家，初封"左军主将翼王"，天京事变曾封为"圣神电通军主将翼王"，军民尊为"义王"。石达开是太平天国最富有传奇色彩的人物之一，有关他的民间传说遍布他生前转战过的大半个中国。

说玉皇大帝因为张郎和自己同姓的缘故，就糊里糊涂地封他做了一名灶王。又因为张郎死的那一天正是阴历的十二月二十三日，所以就定那一天为灶王节。

张郎这位灶王，虽然是玉皇大帝亲口所封的，但是人们却很看不起他。不过，人们又恐他在玉皇大帝面前搬弄是非，所以也不敢怎样怠慢他，只得按时按节给他上供。

后来，有人想出了一个主意："张郎是吃了丁香的那碗面条以后死的，今后每逢这一天还给他一碗面条吃不就是啦？"人们都同意这个办法，于是自那以后，就再不给灶王另外上供了，只在每年农历十二月二十三日这一天，给他一碗面条吃。

灶王对人们的这种举动很不满意。但他感到自己的所作所为确实不够光彩，因此，也不便怎样去理论。于是，他只好鼓着气吃下那一年一度的面条。

由于灶王是一家之主的神灵，常常负责通报一家人的喜事，因此很多人都会小心地对待灶神。不过，也有些人因为对灶神不够恭敬而失去好运气的。

相传，石敢当是当年吕洞宾与白牡丹的私生子，不以父姓，以石为姓。

石敢当母子相依为命，生活艰辛，遭尽唾骂。他长大了就到隔河的东村去上学。他每天早晚过河，都有一个白胡子老头，恭顺地自愿来背他。

时间长了，白牡丹就觉着奇怪，问儿子："你为什么过河不湿鞋，脚不凉呢？"

石敢当就告诉娘说："每天有个老头儿背着我过河去呢！"

娘告诉石敢当说："明天，你问问老头为什么背你过河。"

第二天早晨过河时，石敢当详细地询问了老头，老头说："我皇陛下，你是真命天子，玉帝派我来给

年画 始于古代的"门神画"，是中国画的一种。年画大都用于新年时张贴，装饰环境，含有祝福新年吉祥喜庆之意。传统民间年画多用木板水印制作。旧年画因画幅大小和加工多少而有不同称谓。颜色上用金粉描画的叫"金宫尖"、"金三才"。六月以前的产品叫"青版"，七八月以后的产品叫"秋版"。

■ 平遥古城灶君庙

你当差，20年后你就是一朝人王地主了。"

石敢当回家洋洋得意地说给他娘听，他娘兴奋得不得了，就天天盼儿子做皇上。她每天在灶下做饭的时候，就用烧火棒敲着灶王爷的年画神像念诵："灶王爷你听着，要是俺儿当了皇上，俺是有仇的报仇，有冤的报冤。"一天3顿饭，她敲着灶王爷说3次。

腊月二十三，灶王爷要上天了，向玉皇报告人间善恶，他如实地将白牡丹的言行向玉帝作了报告。

玉皇大帝不相信，灶王说："陛下，我一天挨3次敲，若不信看看小神头上的疙瘩。"说着，他伸着头用手着给玉皇验看。

这下玉皇可生气了，认为真要叫石敢当坐了天下，他娘这个做法还了得吗？就命令雷公电母，到明年六月六日去江西龙虎山下，抽掉石敢当的龙筋。

第二天早晨，石敢当又去上学，来到了河边。那个背他过河的老头说："我就背你这一次了，以后我就不来应差了，因为你以后不能再做皇帝了。"

石敢当很惊奇，就问他为什么，老头儿就将灶王向玉皇告状的事说了一遍。石敢当吓坏了，他恳求老

■ 平遥古城灶君庙

太乙真人 又称太一真人、泰一真人。道教十二金仙之一，昆仑山玉虚宫玉清元始天尊门下，有法宝九龙神火罩等。建派于乾元山金光洞。传说太乙真人曾经在陕西西安翠华山修炼。太乙真人誓愿度人鬼，旨在罚恶扶善，罚恶只是纠转世人祛兽性、返人性。故地狱亡魂、尊障深重者，乞求太乙超度之。

头给他个解救的办法。

老头嘱咐他：明年六月六，若有暴雨急雷，切记，紧闭嘴，咬紧牙，虽然龙筋被抽，不能再为人主，还可留金口玉牙，说句话还灵验。不可忘记。

石敢当最后问老头是谁，好铭记他的恩德，老头说："我乃玉皇驾前，太乙真人是也。"

第二年的六月六，雷公电母奉玉帝之命，来抽石敢当的龙筋。这一天，石敢当按照太乙真人的嘱咐，闭紧了嘴，咬紧了牙。一阵急骤的雷电后，石敢当软瘫在地上，他用力地保住了他的金口玉牙。

石敢当身体康复后，他恨透了灶王爷，心想：我金口玉牙有灵验，说了算数。他找来一个葫芦，想把灶王装到葫芦里，叫他永远不能出来。

石敢当手拿葫芦头，来到灶王的神像前，大声喊道："灶王毛神，装进葫芦。"就见葫芦里一道火光亮起，把灶王爷装进去了。

后来，因为没有灶王爷去向玉皇汇报人家的功过是非，玉皇就派

崇拜之神 ◎ 三方福神

平遥古城灶王爷像

出太乙真人去人间查看。

太乙真人找到石敢当，问他说："你是不是把灶王爷装走了？"

石敢当于是生气地说："是啊，谁让他对玉皇乱说，让我当不成皇帝了呢？"

太乙真人叹了一口气说："这件事要怪只能怪你母亲对灶王爷不够尊敬呀！但凡是个神仙，哪有能容忍被凡人天天敲打的呢？你已经做不成皇帝了，还是放走灶王爷，让他去监督人间善恶吧！"

石敢当知道自己再也没有做皇帝的命了，他就摔碎了那个葫芦，让灶王爷回归了人间。

从此以后，人们为了预防灶王爷上天的时候把自家发生过的不好的事情告诉玉皇，就会在祭灶的时候，给灶王爷供上又甜又黏的东西，想让灶王爷说不出坏话来。

阅读链接

有人说灶王爷是玉皇大帝的驸马。有一年，王母娘娘要去人间视察，女儿一定要跟妈妈去，妈妈拗不过她，只好让女儿跟着去了。到了人间，女儿看到一个人长得非常白净，就产生了爱慕之情，要和这凡人成亲。

玉皇大帝哪儿能同意呢？他的女儿怎么能找个凡人呢？怎么也得找个天上的将军、大神什么的吧？可女儿寻死觅活，说非这个人不嫁。王母娘娘只好对玉皇大帝说，你是天地人间的总皇帝，你说了就算数，你封他个王不就行了，女儿遂了心愿，你也有面子了。玉皇大帝没有办法，只好答应。那么封驸马一个什么王呢？就封他个灶王吧。这样，这个凡人就成了灶王了。